MELANCHOLIA

혼자가
아니라는
위로

How to share sadness

Contents

VOL. 2

신화의 여정

Mythic Journey

리뷰 기사를 쓰기 위해 뇌과학과 관련된 책들을 읽었다. 우울증을 극복할 수 있는 극적인 해법을 기대했다. 여러 가지 유용한 정보들을 경유했지만 결과적으로는 단순한 정답으로 되돌아왔다. 항우울제를 잘 복용하고 긍정적으로 생활할 것, 운동을 할 것, 햇볕을 쬘 것, 규칙적인 생활을 할 것 등. 궁극적인 해결책보다는 오래 참고 노력해야 할 실천적 방침들을 얻었다.

우울증과 정신의 문제는 뇌와 관련된 병이지만 현재로써는 직접적 치료제나 절대적 방법론이 존재하지 않는다. 또한 증상을 갖고 있는 사람들 제각각 유전적으로 어떤 부분이 취약한지 알 수 있는 방법도 확실하지 않다. 오히려 지나치게 예민한 대처는 과도한 약물 사용으로 이어질 수 있다. 정신과 전문의들이 보수적으로 진료하는 이유다.

그럼에도 스스로 자신의 상황을 개선하려고 노력해야 한다고 생각한다. 다른 누구의 문제가 아니라 바로 우리 자신의 문제이기 때문이다. 때로는 잘못된 정보에 속고 미신적 민간요법에 시간과 돈을 낭비하며 복잡한 지식을 습득하는 것에 그칠지 모른다. 하지만 그 과정을 경유하면서 자기 자신에 대해 보다 잘 이해할 수 있는 기회가 생긴다.

우울증을 치유하려는 과정은 오래 묵은 신화의 이야기처럼 느껴질 때가 있다. 원하는 것을 얻기 위해 온 세상을 탐험하던 주인공이 결국은 자기 자신 안에 깨달음이 있다는 사실을 알게 되기 때문이다. 먼 곳에서 깨달음을 찾는 신화 속 인물들은 때론 오만해 보이기도 하고 우둔해 보이기도 한다. 스스로의 결점 때문에 불행을 겪을 때는 동정과 함께 안쓰러운 감정이 든다. 비극의 주인공들은 사소한 실수 때문에 완전히 파멸에 이르는 경우가 많다. 하지만 결과적으로 그들이 얻게 되는 것이 있다. 자신과 세상에 대한 통찰이다. 여정 속의 인물들이 아무것도 하지 않았다면 절대 얻을 수 없었던 것들이다.

우울증을 다루는 뇌과학 책들에서는 대부분 마음가짐에 대해 이야기한다. 감사나 긍정적 사고는 실제로 뇌의 구조를 바꿀 수 있다. 또한 불행한 사고에서 벗어나 몸을 움직이기 시작할 때 긍정적 호르몬들이 생성되기 시작한다. 뇌 속의 신경전달물질의 이동 경로나 작용에 대해서는 정확히 알지 않아도 된다. 결과적으로 우리가 해야 하는 행동은 단순하기 때문이다.

다만 우리는 깨달음을 얻었다고 해서 곧바로 실천할 수 있는 신화 속 인물이 아니다. 우리는 유일하게 살아남을 순 없다. '라이징 스트롱'의 저자 브레네 브라운이 이미 말한 것처럼 '이 여정은 오롯이 자신만의 것이지만 혼자서는 성공할 수 없다', '같은 처지의 나그네들에게 안식과 위안과 응원을 얻는 법을 배워야 한다'. 그래서 사람들에게 책을 건네는 일을 계속하려고 한다. 결코 같지 않지만 그럼에도 같은 문제를 겪고 있다는 작은 공감이 연대를 만들 것이라고 확신하기 때문이다. 그리고 이 느슨한 연대가 우리를 보다 나은 곳으로 데려갈 것이라는 사실을 믿기 때문이다. Ⓜ

@melancholia_zine

어느 날 천사가 말했다
Oneday, the angel said...

사람을 죽일 뻔했다.

10시간도 넘게 자고 일어났던 날.
조수석엔 위경련이 난 엄마가 끙끙 앓고 있었고,
100km로 달리던 내 차는 옆 차선으로 넘어갔다.
몇 초 간 잠이 나를 집어삼켰다. 차선을 넘어간 내 차는 트럭에 닿았다.
한 계단만 더 오르면 됐었는데.

아직도 설레는 말.

꿈이 있었다. 기자 출신 앵커.
유명 언론사들의 인턴과 최종면접을 반복해 입사에 성공했다.
"그렇게 잘 조는 애가 참 열심히 잘한다"라는 말은 내게 훈장이었다.

아무리 자도 졸음에 빠졌다.

밤낮 없는 취재를 하고 싶었지만 아무리 자도 졸음에 빠졌다.
일반 기업에 취업해 기면증 진단과 치료를 받아야겠다고 생각했다.
취업 문을 통과하려고 또다시 '하자 없는 인간'을 연기했다.
평생 그랬듯 좁은 문을 통과하는데 혈안이 돼 증상의 진단과 치료를 외면했다.
'건강함과 성실함'으로 어필해 대기업 입사에 성공했지만, 여전히 졸렸다.

나는 중증 기면증 환자였다.

수면 전문 신경정신과에서 기면증 판정을 받았다.
천사에게 수태고지를 받은 동정녀 마리아라도 된 것 같았다.
보통 사람은 수면에서 깨어나면 각성 호르몬이 분비된다.
난 이 호르몬이 부족해 눈을 떠도 뇌가 자는 상태였다.
밑 빠진 독에 물 붓듯 아무리 자도 내 몸은 충전되지 않았다.

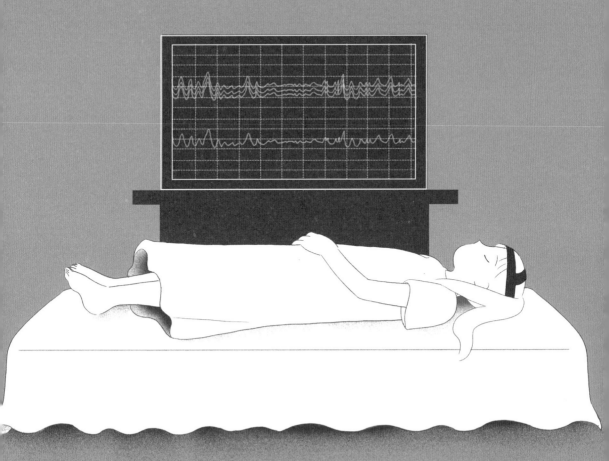

돌아보니 그동안 난 문제투성이였다.

장관이 주재하는 정부 브리핑에서 나도 모르게 꾸벅거렸다.
중요한 취재원과 회식 자리에서도 술 몇 잔에 잠이 들었다.
학창시절 점심시간에도, 카페에서 데이트를 하다가도 엎드려 잤다.
모두가 긴장하는 자리에서 졸음을 참지 못했던 나는
정신력이 약하며, 나태하고, 부주의한 사람이 되어갔다.
졸음이 병이라는 건 나를 포함한 주변 사람 누구도 몰랐다.

꿈이 사라졌다.

기면증 약은 너무 독해 온몸이 거부반응을 일으켰다.
구역질이 나고 심장이 터질 듯 빨리 뛰고 손발이 떨려 밥도 못 먹었다.
건강한 척, 문제없는 척, 나와 주변 사람들 속이기를 그만뒀다.
내 안에 감춘 진실을 마주하는 데 30년이 걸렸다.
수많은 사람에게서 도망쳐 나만의 세상으로 들어갔다.
몇 달 동안 전화기를 끄고 온종일 잠만 잤다.

천사가 내게 말했다.

끊임없이 부정한 내 진짜 모습은 난치성 질환자였다.
꿈을 바라보던 시선은 내 몸으로 옮겨갔다.
감기던 눈을 치켜뜨고 남들을 보느라 놓쳤던 모습들이 떠올랐다.
어느 날 천사가 내 몸에 낫지 않는 병이 있다고 한 그날부터
나는 제자리에 서서 부는 바람을 맞고 내리는 비를 피하지 않았다.

이제야 오랜 잠에서 깨어났다.

나만의 시간과 공간을 찾게 하려고 천사는 내게 긴 잠을 심어주었나 보다.
아직 치료법이 없는 이 병의 흔적을 따라나섰다. 쏟아지는 잠을 이기려 하지 않는다.
경쟁에서 이기려는 달리기를 멈추고 발길 닿는 대로 천천히 걷고 있다.
고장난 내 몸과 마음을 들여다보며 가면을 벗고 여행을 시작했다.
이제 늘 잠이 쏟아지는 나에게서 피어날 꽃을 기다린다.

일러스트레이터 mangseull
글 기머니(brunch.co.kr/@happyloser77p)

Insight.

어떤 시선

우리나라의 자살률
Suicide Rate in South Korea

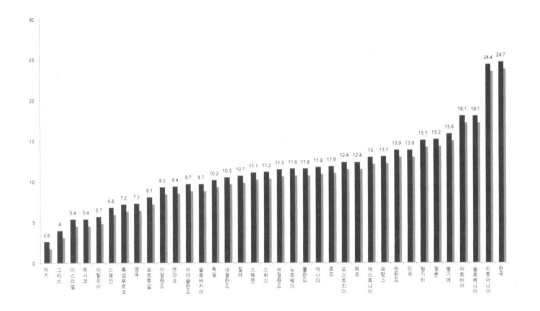

터키 2.6 · 그리스 4 · 이스라엘 5.4 · 멕시코 5.4 · 이탈리아 5.7 · 스페인 6.8 · 룩셈부르크 7.2 · 영국 7.3 · 포르투갈 8.1 · 아일랜드 9.3 · 덴마크 9.4 · 아이슬란드 9.7 · 슬로바키아 9.7 · 독일 10.2 · 네덜란드 10.5 · 칠레 10.7 · 스웨덴 11.1 · 스위스 11.2 · 뉴질랜드 11.5 · 노르웨이 11.6 · 폴란드 11.6 · 캐나다 11.8 · 호주 11.9 · 오스트리아 12.4 · 체코 12.4 · 에스토니아 13 · 프랑스 13.1 · 핀란드 13.9 · 미국 13.9 · 헝가리 15.1 · 일본 15.2 · 벨기에 15.9 · 라트비아 18.1 · 슬로베니아 18.1 · 리투아니아 24.4 · 한국 24.7

1위

2018년 우리나라 자살률은 36개 경제협력개발기구(OECD) 회원국 가운데 1위를 차지했다. 2017년까지 자살률이 가장 높은 국가는 리투아니아였다. 당시 한국의 자살률은 3위를 기록했다.

24.7명

국제 비교를 위해 OECD 기준인구로 연령구조 차이를 제거해 계산한 '연령표준화자살률'은 인구 10만 명당 24.7명으로 OECD 평균인 11.5명에 비해 2배 이상 많았다. 이는 OECD에서 가장 최근 발표된 2016년 자료를 기준으로 하며 OECD 표준인구로 계산한 수치다.

37.5명

우리나라에서 하루 평균 37.5명이 자살로 생을 마감한다.

1만 3670명

2018년 자살에 의한 사망자 수는 총 1만 3670명으로 전년보다 1207명 증가한 것으로 나타났다.

5위

전체 사망원인 중 자살은 인구 10만 명당 26.6명으로 암, 심장질환, 폐렴, 뇌혈관질환에 이어 5위를 차지했다. 이는 전년 대비 2.3명(9.5%) 증가한 수치다.

47.2%

10~30대의 사망원인 중 자살이 1위를 차지했다. 10대 사망원인 중 자살의 비중은 35.7%로 2위인 암(14.5%)보다 2배 이상 높다. 20대 사망률은 절반에 육박하는 47.2%가 자살로 나타났다. 30대도 39.4%로 높았다.

10~40대

자살률은 80대 이상 연령층을 제외한 전 연령에서 증가하였으며, 특히 10대(22.1%), 40대(13.1%), 30대(12.2%) 순으로 크게 증가한 것으로 나타났다.

3월, 1월, 7월

2018년 자살률은 전년 대비 3월(35.9%), 1월(22.2%), 7월(16.2%)에 크게 증가했다.

2.6배

남자의 자살률 10만 명당 38.5명은 여자 14.8명보다 2.6배 높은 것으로 나타났다.

31.7명

1983년부터 자살률이 가장 높았던 해는 2011년으로 10만 명당 31.7명을 기록했다. Ⓜ

*

출처: 통계청「2018년 사망원인통계」

지표의의: 자살은 우울증과 연관되어 개인의 정신 건강상태를 보여주는 지표로 개인의 삶의 질과 관련이 높다. 또한 자살률은 사회의 구조적 특성과 사회통합의 정도를 보여주며 특히 사회적인 급격한 변동이나 불안정성의 증가가 나타나는 경우 자살률은 높아진다.

자살률 = (자살로 인한 사망자수 ÷ 주민등록연앙인구) × 100,000

아주 오래 우울과 살아온 당신에게.

To You Who Have Been Living with Depression for a Long Time

이수연
'조금 우울하지만, 보통사람입니다', '슬픔은 병일지도 몰라' 저자.
우울한 당신에게 공감과 위로의 글을 씁니다.

이렇게 다시 편지를 쓸 수 있어 기쁩니다. 그간 어떤 하루들을 보내셨을까요. 아마 힘든 시간이 더 많았을 것 같습니다. 가끔씩 괜찮아지다가도, 다시 우울함에 빠져들었겠죠. 저도 그랬습니다. 그래도 수 겹의 시간이 지나, 이렇게 다시 안부를 묻습니다. 잘 지내지 못하더라도, 숨을 쉬고 시간이 흐르길 기다리면서요.

많은 분들이 우울증을 말하면 '극복'이라는 말을 씁니다. 저도 많이 듣는 질문이었습니다. 어떻게 이 겨낼까요, 어떻게 나아질까요. 그때마다 저는 정확한 답을 드리지 못했습니다. 제가 할 수 있는 것은 얘기를 듣고, 같은 위치에서 공감하는 일 뿐이었습니다.

그렇게 만나온 많은 당신들. 저는 얘기를 들으며 생각했습니다. 이제 막 우울을 접하게 된 사람도 있지만, 아주 오래 긴 세월을 이 우울과 살아온 사람들도 있다는 것을요. 제가 오늘 편지를 드릴 글은 아주 오랜 시간, 우울과 살아온 당신을 위한 글입니다.

정신병원에 입원해 있는 동안, 심리검사를 꼼꼼하게 받았습니다. 결과지에는 영어로 저의 성향과 진단명이 적혀 있었죠. 주치의는 그 결과를 보여주며 설명했습니다. 제가 받은 것은 만성 우울이었습니다. 결과는 제가 우울이라는 단어를 알지 못할 때부터 우울함을 겪었다고 말했습니다. 일반적인 우울증이 흰 배경에 검정 얼룩이라면, 저는 검정 배경에 흰 얼룩이 진 느낌이었습니다.

처음 만성 우울이라는 말을 들었을 때는 막막했습니다. 앞으로 주어진 시간을 이 어둠 속에서 계속 살아가야 한다는 말처럼 느껴졌으니까요. 내가 무엇을 잘못해 왔는지도 끊임없이 생각했습니다. 어쩌면, 시작부터 잘못된 것이 아닐까. 고칠 수 없는 막막함이었죠.

잘못이라는 것을 알지 못하던 때부터 제 곁에 있었던 우울. 이것을 병이라고 느끼는 것에도 많은 시간이 들었습니다. 하지만 시간이 지나면서 우울은 어쩌면 하나의 성향이나, 이것이 제게 주어진 것일지도 모른다는 생각이 들었습니다. 그저 단어 하나로 나를 나타낼 수 없듯, 만성 우울이라는 증상 하나로 저를 판단하고 싶지 않았습니다.

단순하게 행복해 하는 사람이 있듯, 생각을 많이 하는 사람도 있습니다. 같은 상황에서 누군가는 긍정적이고, 누군가는 부정적이듯이요. 사람들은 부정을 잘못이라 말하지만, 저는 그렇게 생각하고 싶지 않았습니다. 그렇게 생각하면, 저의 모든 것이 잘못이라고 하는 것 같아서요.

저는 저의 모든 것을, 노력들을 잘못이라 보고 싶지 않았습니다. 그래서 모두가 아니라고, 틀렸다고 말하는 우울을 다시 한 번 들여다보기로 했습니다. 사람들이 말하는 시선이 아닌, 나의 시선으로 그

것을 다시 알아가고 싶었습니다.

그렇게 나와 우울이 마주했습니다. 마냥 힘들고 아팠던 것. 저는 그런 시선으로 우울을 보고 있었죠. 그러나 그 우울은 저에게 노력할 수 있는 마음을 주었습니다. 나를 겸손하게 만들었고, 상대를 배려할 수 있는 깊이를 주었죠. 많은 사람에게 위로를 줄 수 있는 힘도 주었습니다. 이해라는 가장 큰 마음을, 제게 주고 있었습니다. 미워하던 것을 어느새 사랑하게 된 순간이었습니다.

제가 항상 하는 말이 있죠. 행복하지 않아도, 살아갈 가치는 있다고. 그건 사실 제게 하는 말입니다. 저는 그렇게 믿지 않으면, 살아갈 가치를 느끼지 못했으니까요. 그렇다고 갑자기 이 우울이 나를 떠난다면, 그것은 진짜 '나'일까요. 아마 아닐 것 같습니다. 행복할 수 있을지 몰라도, 그건 저 자신이 아닐지도 모릅니다.

혼자서만 이런 생각을 하다, 다른 독자분들과 대화하며 알았습니다. 우울증 약을 복용하며 우울감이 줄어들었다고 말하던 분은, 그만큼 자신이 사라진 것 같다고 말했습니다. 우울하지 않으면 행복할거라 생각했는데, 기쁨도, 우울도 모든 감정이 사라지는 것 같았다고 했습니다. 마치 내가 세상에 없고 사라져가는 것 같다고요.

그런 얘기를 들으며 알았습니다. 우울하다는 것은 잘못이 아닌 나의 일부였다는 것을요. 그래서 저는 이 우울과 함께 살아가는 방향을 택했습니다. 제가 극복에 관한 얘기를 하지 못하는 것도 이 때문입니다. 벗어나는 것이 아닌 함께 하기로 택했으니까요.

우울과 함께 살아가는 것은 아주 어려운 일일지도 모릅니다. 나의 근원부터 바꿀 수 있다면, 어린 나이에 치료를 받았다면 지금과는 다른 사람이 되었을지도 모르겠습니다. 하지만 아무리 되돌아봐도 제가 걸어온 발자국은 사라지지 않습니다. 제가 바꿀 수 있는 것은 앞으로의 걸음이었습니다.

그때부터 생각했습니다. 벗어나려 하지 말자. 그냥 이게 내 모습이고, 내 발자국이다. 어떻게 보면 단념이라고 볼 수도 있겠네요. 하지만 이런 생각을 하자 나아져야 한다는 부담이 줄었습니다. 그 말을 다르게 바라보면 '지금 이대로도 괜찮다'가 되니까요.

나아져야 한다는 부담을 덜어낸 저는, 조금은 다른 일을 할 수 있는 힘이 생겼습니다. 나아지는 것에 써오던 힘을 내가 하고 싶은 일, 좋아하는 일로 돌릴 수 있었죠. 남들과 같은 일상이 아닌 나의 일상에서 가질 수 있는 기쁨과 할 수 있는 일을 찾았습니다. 그게 제가 우울과 함께 살아가는 방법이었습니다. 부정하지 않고 받아들이는 것. 나의 것이라고 생각하는 것.

우울을 사랑하라고 말하고 싶진 않습니다. 어려운 일이니까요. 다만 그것이 내게 주고 있는 것을 조금 찾으셨으면 좋겠습니다. 저는 늘 우울 속 긍정이라고 말합니다. 감정이 우울하다고 해서 모두가 비관적일 거라 생각하지 않으려 합니다. 바꿀 수 없는 것에 매여 다른 것을 놓치고 싶지 않습니다.

아주 작게 핀 꽃과, 아주 크게 핀 꽃. 무엇이 더 아름다울까요. 저는 비교할 수 없다고 말할 겁니다. 감정도 그렇습니다. 큰 감정이 눈에 더 잘 보이겠지만, 자세히 보면 내 눈에 들어오는 작은 꽃이 가치 없다고 할 수 없죠. 그 자리에 있고 활짝 피어 있으니까요. 오히려 우리가 지나치던 길에, 눈에 들어온 작은 꽃이 나를 편안하게 만들어 주기도 합니다.

제가 이런 얘기를 하는 이유는 나아지는 것만 바라보면 쉽게 지치기 때문입니다. 지쳐서 치료를 받을 기회도, 마음도 모두 잃어버리게 됩니다. 저 역시 그랬고, 가장 힘든 것은 우울보다 지쳐버린 마음이었습니다.

치료를 받으시는 많은 분들이 치료 기간이 길어지면서 힘들어하곤 합니다. "언제까지 이렇게 살아야 하죠?" 이 말을 주변에게, 스스로에게 말하죠. 그리고 끝이 보이지 않는 하루는 절망으로 다가옵니다. 그렇게 스스로 그것을 끝내는 극단적인 방법을 떠올립니다. 너무, 너무나 나아지고 싶고 노력해왔던 자신을 알고 있기에 다시 힘들어 집니다.

그 마음은 마치 일을 열심히 하다 지쳐 일을 포기하는 그런 마음인 거죠. 일을 포기하기 위해 열심히 해 온 것이 아니고, 일을 잘 하기 위해 노력해 온 일인데요. 그래서 저는 마음과 노력을 줄이고 타협하기로 했습니다. 포기하는 것은, 내가 진정으로 바란 모습이 아니니까요.

저는 해결이 무엇인지 모르겠습니다. 그래서 오늘도 당신의 마음에 다가서서 그냥 곁에 있을 겁니다. 그리고 아마 당신과 같은 저의 이야기를 늘어놓겠죠. 아무것도 보이지 않는 황량하고 막막한 어둠 속에서 당신의 목소리가 들린다면, 저의 목소리를 듣는다면 그건 그 속에서만 있을 수 있는 위로입니다. 그렇게 서로의 마음에 쉴 곳으로 남길 바라며, 편지를 마치겠습니다. Ⓜ

나의 우울증, 그들의 우울증

My Depression, Their Depression

전지현

'정신과는 후기를 남기지 않는다'의 저자.
studio16030이라는 이름으로 독립출판을 하고 있습니다.

"우울증이시네요." 의사가 결과지를 들고 방긋 웃었다.
"임신이시네요." 그때의 산부인과 의사 같았다.
평생을 기다려왔지만 동시에 두려워했던 일이 마침내 일어났다.

의사 앞에서는 한숨을 쉬었지만 속으로 조커처럼 웃었다. 온갖 검사를 다 해봐도 병명을 알 수 없어 끊임없이 스스로를 의심했던 지난 순간들이 떠올랐다. 꾀병이 아니었어. 나는 진짜 아파. 증거가 나왔어. 말 할 수 없는 후련함에 눈물이 났다. 모든 것이 해결되었다고 생각했다.

남편

처음에는 결혼 후에 이렇게 되었으니 자기 때문이라 생각하고 몹시 미안해했다. 그러다가 우리는 같은 조건에서 살고 있는데 너만 병이 났네? 나도 똑같이 힘든데? 나는 버티고 있는데? 쪽으로 방향이 틀어졌다. 그러고는 우울증 환자와 함께 살고 있는 불행한 남편의 삶으로 직진. 엉망이 된 집 안에서 씻지도 않고 웅크리고 있는 내 모습을 볼 때마다 목이 졸리는 기분이었다고 한다.

친구들

요즘 이상하더니 병이었구나. 치료 받으면 예전의 낄낄이로 돌아오겠군. 깔끔하게 받아들였다. 그렇지만 이불 속에서 사투를 벌이고 있는 내게, "놀러가자", "맛있는 거 먹으러 가자", "교회 가서 봉사하자". 이런 폭탄을 수시로 던지더니 급기야는 병원 다닌다고 한 게 벌써 몇 년인데 아직도 그러고 누워 있냐며 따지는 지경까지 갔다. 전혀 낫질 않는데도 계속 같은 병원을 다니는 모습이 미련해 보였다고 한다.

부모님

뉴스에 우등생 소녀가장 이야기가 나왔을 때, 엄마 지갑에서 돈 훔치다 걸렸을 때, 학사 경고 성적표가 도착했을 때, 서랍에서 담배가 나왔을 때, 첫 회사를 1년 반 만에 때려 쳤을 때……. 과격하게 실망스러운 딸의 에피소드는 이미 차고 넘치는데 정신병력까지 더하고 싶지 않아 말하지 않았다. 그러다 끊임없는 가족 모임이 너무 힘들어 "우울증 치료를 받고 있다!" 선언했다. "어쩐지 집이 너무 더럽더라". 엄마는 전문가급 반응을 했고 아빠는 침묵시위를 했다. 하지만 부모님의 호출은 줄어들지 않았다. "일어나기 힘들어? 그럼 그냥 밥만 먹고 가", "힘들어? 그럼 우리가 갈까?". 혈……

"책 진짜 재미있더라! 글 잘 쓰네?"

마음에 쌓인 앙금을 책으로 써서 손에 쥐어 줬다. 사람들의 반응은 한결 같았다. 내게 벌어졌던 일들과 지금의 상태에 대해 충분히 설명했으니 다들 잘 이해했을 것이라고 생각했다. 그런데 분명 읽었다고 해놓고 어떻게 똑같이 무심하지? 삐뚤어져버릴까?

예전에 내가 교통사고가 나서 왼쪽 쇄골과 어깨뼈 견갑골 쪽이 골절된 적이 있었다. 수술 후 일주일 만에 일상생활로 복귀 했는데 약간 요란한 형태의 보호대를 몇 달간 착용하고 다녔다.

우리 가족들은 그 누구도, 단 한 번도 찡그리지 않고 서로 순서를 정해 매일 내 머리를 감겨줬고, 아침마다 회사에 데려다 줬다. 지금의 남편은 본인이 애지중지하던 노트북에 일본 드라마를 가득 채워 전해줬고 친구들은 내 앞뒤좌우로 나눠 걸으며 그 무엇에도 부딪치지 않도록 보좌해 줬으며, (오른팔은 멀쩡한데도)굳이 술잔이나 수저를 들어 먹여주곤 했다. 더 가까운 친구들은 주말마다 나를 사우나에 데려가서 씻기고(?) 재활 운동을 해야 한다며 깊은 냉탕에 나를 둥둥 띄워 들고 다녔다.

전혀 모르는 남들도 친절하긴 마찬가지였다. 지하철을 타면 노약자석의 할머니 할아버지들이 당장 이리 오라며 버럭버럭 고함을 질렀고 점심시간에 매일 가던 편의점 알바생은 말없이 마이쮸 껍질을 까 주기까지 했다.

그렇다. 사람들은 자신들이 알고 있는 통증과 병에 대해서는 넘칠 정도의 공감과 배려를 베풀어주었다. 그러니까 문제는 거기에서 출발했던 것이다. 모른다는 것. 사람들은 '우울함'에 대해서는 잘 알고 있지만 '우울증'에 대해서는 모른다. 더욱이 '조울증'이라니. 아니 사람이 좋을 때가 있고 나쁠 때가 있는 게 당연한 거지. 그게 병이라는 게 말이 돼?

뭐 그런 이야기다.

생기는 약간 떨어지지만 아침에 일어나 깨끗하고 날씬한 모습으로 공원을 조깅하는 모습. 사랑하는 사람들에게 둘러싸여 편안하게 식사하는 모습. 이것이 모범적인 우울증 환자의 이미지다.

집 밖은 고사하고 일어나 앉는 것도 고통스러운데, 살이 쪄서 맞는 옷도 없는데 어디 가서 뭘 하라고요? 그 말을 할 수가 없다. 나만 유난히 게으르고 의지가 약해서 이러나보다 싶어서. 그런데 또 옆 사람들은 내 모습을 보면서 불안해한다. 죽을까봐. "우울증에는 햇볕을 많이 쪼이고 사람들을 만나고 운동을 하는 것이 좋다네. 일어나서 나가자. 내가 너 걱정돼서 이렇게까지 하는데 좀 웃어라 좀".

따라 나서 봤다. 좀 나아질까 기대하면서. 죄책감과 의무감에 괜찮은 척, 좋은 척하고 돌아오면 지옥이 펼쳐진다.

나는 우울증에 대해 물어보는 사람들에게 "허리디스크에 걸렸다고 하세요."라고 말한다. 누워 있어도, 갑자기 약속을 취소해도, 하루 종일 찡그리고 있거나 갑자기 울음을 터뜨려도 디스크환자는 이해받는다. 몸 안에 고통의 대상과 원인을 갖고 다닌다는 것을. 끝나지 않을 수 있다는 공포와 불안에 젖어 있다는 것을. 겉으로는 드러나지 않지만 분명히 아프다는 것을. 모두가 아주 자연스럽게 받아들여준다. 아직까지는 그게 최선인 것 같다. Ⓜ

우울은 여자의 얼굴을 하지 않았다

The Face of Depression: How It Differs in Men and Women

한국화

객원 에디터

사보를 만들며 글을 씁니다.

'남성은 이성적이고 여성은 감성적이다'라는 명제를 당연하게 받아들이던 시절이 있었다. '이성적'이라는 말이 훨씬 긍정적으로 평가되는 시대에서 감성적인 남성은 자신의 성향을 드러내기 어려웠을 것이고, 이성적인 여성은 유별나다는 평가를 받았을 것이다. 아니 어쩌면 100% 이성적이거나 100% 감성적인 사람은 없기에 누군가 규정지어 놓은 '이성적'이거나 '감성적'이라는 틀 속에 맞춰 살아가기 바빴을지도 모른다. 우스갯소리로 하는 혈액형별 성격 유형도 네 가지나 되는데, 성별을 기준으로 전세계 사람들을 단 두 종류의 성향으로 나눈다는 건 지나친 일반화가 아닌가 싶다.

우울증도 마찬가지다. '여성이 우울증에 취약하다'는 명제는 통계상으로 객관적인 사실처럼 받아들여진다. 하지만 우울이 모든 사람이 보편적으로 느끼는 감정이라는 측면에서 여성과 우울증을 직접 연결하는 것은 '남성=이성적, 여성=감성적'이라는 명제로 회귀하게 한다. 범주화된 집단은 소속된 개별 대상의 특성을 완전히 설명해내지 못한다. 우울증을 여성의 특성으로 여기는 것은 여성에 대한 편견과 우울증에 대한 오해를 더욱 심화시킨다.

우울증에 대한 시각이 많이 개선되긴 했지만 여전히 우울증에 걸리는 사람은 마음이 나약하거나 의지가 부족한 사람이라고 오해하는 경향이 있다. 그러나 우울증은 단순히 '우울감'을 느끼는 상태가 아니다. 수면과 섭식, 체중 등 신체 전반의 기능을 저하시키며 심각한 경우에는 일상생활을 유지하는 것이 어려울 수 있는 질병이다. 극심한 스트레스로 면역력이 저하되어 암에 걸린 사람에게 '마음이 나약해서'라는 프레임을 씌우는 경우는 거의 없다. 그러나 유독 우울증에만 '나약'이라는 굴레를 씌우는 것은 가혹하다. 우울증을 단편적으로 바라보는 시선은 우울증을 질병으로 인식하지 않도록 해 치료를 거리끼게 한다.

호르몬의 영향으로 여성에게 우울증이 더 많이 나타날 수 있다. 그러나 결과가 항상 모든 원인을 말해주지는 않는다. 단지 여성에게 우울증이 많이 나타나는 이유를 호르몬의 영향으로만 치부한다면 다른 우울증의 원인을 해결하기는 어렵다. 생물학적 요인은 어쩔 수 없다고 생각하기 쉽기 때문이다. 그러나 우울증의 원인에는 유전적 요인뿐만 아니라 개인의 경험, 사회적 환경, 구조적 문제 등 환경적 요인이 복합적으로 얽혀있다. 최근 취업과 경제적 어려움으로 20대 우울증 환자가 급증했다는 뉴스가 들려오는 것만 봐도 알 수 있다.

생물학적으로 여성이 더 많이 우울증을 겪는다는 진단은 환경적인 요인을 정량화하지 못해 나온 결론일 수 있다. 산후 우울증은 호르몬 때문일 수도 있지만, 여성 혼자서 육아를 할 수밖에 없는 사회적 구조 때문일 수도 있다. 어렸을 때부터 여성을 외모로 평가하는 분위기와 수동적이고 순종적인 여성상을 요구하는 문화를 견디는 것 자체가 여성에게 스트레스였을지도 모른다. 여성을 성적 대상화하고, 여성에 대한 폭력이 해결되지 않는 사회가 우울의 시작점일 수 있다. 피해자다움을 요구하고, 피해자에게 범죄의 원인을 묻는 법감정이 우울증을 심화시킬 수도 있다.

우울증을 여성적 질병으로 치부할 때 남성들 역시 어려움을 겪는다. 강요된 남자다움 속에서 남성들은 자신을 강하고 감정을 드러내지 않는 존재로 여기기 위해 애쓴다. '나약한 사람들이 걸리는 우울증'에 자신도 한 발짝 다가가 있음을 인정하기는 어렵다. 대신 우울증을 덮기 위해 다른 요소들을 가져온다. 술이나 도박, 섹스에 중독되는 현상은 우울증의 다른 얼굴로 나타난다. 우울증을 질병으로 인정하지 않으면 치료도 어렵다. 혼자서 끙끙 앓다가 병을 키우게 된다. 보건복지부에 따르면 우울감과 불안감 등 정신질환으로 자살하는 비율은 남성(10만 명당 34.9명)이 여성(10만 명당 13.8명)에 비해 2.5배나 높았다.* 성별의 프레임 속에서는 누구도 행복해질 수 없다.

새로운 사람 A를 만났을 때 기존에 알고 있던 B와 비슷한 느낌이 들면 B를 대하는 것처럼 A를 대하게 된다. A의 모습 속에 B와 닮은 부분을 계속 찾게 되고, 그렇게 사소한 일에서도 확증 편향이 일어난다. 하지만 시간을 두고 깊이 알아가다 보면 A는 B와 닮은 사람이 아닌 그냥 A라는 것을 받아들이게 된다. 우울을 떠올려보자. 내가 아는 어떤 여자와 닮았다고 생각하지는 않았는지. 그리고 다시 우울을 찬찬히 뜯어보자. 우울은 내가 알던 그가 아님을 알게 될 것이다. Ⓜ

* 중앙자살예방센터, 「2019 자살예방백서」, 2019.05, p.27

실수의 역사
어젯밤의 실수가 당신을 괴롭히고 있다면

History of Mistakes
− If You Cannot Let Go of the Mistake You Made Yesterday

전인수

내가 실수를 할 때마다 떠올리는 몇 가지 장면이 있다. 이들의 실수를 곰곰 상상하다 보면 어느덧 내가 저지른 실수들은 득실을 타협할 수 있는 카드게임 같은 사소한 것으로 축소되곤 한다. 나의 행동은 역사의 거대한 흐름을 바꾸지도 못했고, 수천만 명의 목숨을 빼앗지도 않았으며, 끔찍한 인류 역사의 비극을 만들어 내지도 않았다. 살아 있는 것들은 소란하고 실수한다. 그래서 가끔은 믿을 수 없는 결과를 만들기도 한다. 하지만 그 주인공은 내가 아니다.

1. 나폴레옹의 워털루 전투

한때 유럽을 제패했던 나폴레옹을 배반한 것은 자신의 몸이다. 나이가 들어가면서 이런저런 잔병에 시달렸던 나폴레옹은 러시아 원정에 실패하고 나서는 과거와 같은 총기를 잃어버린다. '나폴레옹 평전'을 쓴 조르주 보르도노브가 "나폴레옹이 이룬 정복들 가운데 유일하게 오래 지속된 것은 인간의 마음을 정복한 것"이라고 말할 정도로 그는 강렬하고 압도적인 인상과 명철함을 갖고 있었다. 또한 단 몇 번의 전투를 통해 일개 포병 장교에서 준장으로 승진할 정도로 군사적 전략과 판단력이 뛰어났다. 다만 마지막 전투였던 워털루에서 나폴레옹은 완전히 다른 모습을 보여준다.

1815년, 폐위된 채 엘바 섬에 유배되었던 나폴레옹이 앵콩스탕호에 올라 파리로 돌아온다. 프랑스 대혁명을 거치며 구체제에 신물을 느꼈던 프랑스 국민들은 왕당파에 대한 반감으로 돌아온 나폴레옹을 적극적으로 반겼다. 프랑스 인근 유럽 세계는 긴장했다. 곧바로 대프랑스동맹을 맺은 영국, 오스트리아, 러시아, 프로이센 등이 선전포고를 한다. 전과 달리 호전성을 잃은 나폴레옹은 평화의지를 표명하고 협상을 제의하지만 프랑스를 한 번 굴복시켜 보았던 적국들은 응하지 않았다.

워털루 전투에서 나폴레옹의 전략은 전과 다름이 없었다. 최대한 병력을 집중해 선두의 적군부터 신속하고 완벽하게 격파해 나가는 것이다. 이번에는 웰링턴의 영국연합군과 블뤼허의 프로이센군이 가장 먼저 나폴레옹과 부딪히게 됐다. 첫 격전지였던 리니에서 나폴레옹은 프로이센군을 물리친다. 과거의 명성에 걸맞은 승리였지만 그 뒤로 실수가 이어졌다.

과거와 같았다면 퇴각하는 프레이센군을 뒤쫓아 완전히 격파했어야 했다. 하지만 나폴레옹은 몇 시간 동안 명령을 내리지 않았고 적군은 퇴각에 성공한다. 뒤늦게 그루쉬 장군에게 전 부대의 3분의 1가량의 군사를 주어 뒤쫓게 했다. 결과적으로 이 실수는 영국과의 교전 중 그루쉬의 병사들이 돌아오지 않음으로써 워털루 패배를 이끈 결정적 실수가 됐다. 하지만 아직 기회가 남아 있었다.

나폴레옹은 영국군을 뚫고 브뤼셀을 점령하면 대프랑스동맹의 기세를 꺾을 수 있을 것이라 생각했다. 영국군은 브뤼셀로 향하는 목전인 워털루 인근에서 진지를 구축하고 있었다. 전투가 벌어진 몽생장에는 위고몽과 라에상트라는 농장이 있었고 영국군은 이 두 농장 건물을 거점으로 삼아 방어에 들어갔다. 나폴레옹은 적군이 기습에 대비할 시간을 주지 않기 위해 새벽 시간에 공격할 계획을 세운다. 하지만 전날 밤 폭우가 내려 작전을 늦출 수밖에 없었다. 비가 오면 진흙 위로 포들을 이동시켜야 하는 탓에 병사들의 체력적 소모가 커지기 때문이었다. 하지만 나폴레옹은 공격을 4시간 지연시키고도 알 수 없는 이유로 또 다시 몇 시간을 지체한다. 결국 공격은 오전 11시쯤에야 이뤄졌다. 늦은 공격 탓에 두 농장을 중심으로 한 전투는 각축전 양상을 띠게 된다. 뺏고 뺏기는 전투를 통해 영국군과 프랑스군 양측 모두 많은 군사를 소모했다.

지루한 공방이 예상되자 나폴레옹은 휴식을 위해 미셸 네 원수에게 지휘를 맡기고 막사로 돌아갔다. 나폴레옹은 쇠진한 몸과 지병 탓에 취한 잠깐의 휴식이 결정적 패인이 될 것이라고는 생각하지 못했을 것이다. 지휘를 맡은 네 원수는 영국군이 부대를 교대하는 모습을 후퇴로 오인하고 대부분의 기병부대를 돌진시켰다. 방진을 구축하고 기다리던 영국군 보병부대는 프랑스 기병부대 상당수를 섬멸시킨다. 돌아온 나폴레옹이 네 원수를 질책했지만 소용없었다. 이후 블뤼허의 프로이센군이 프랑스 후측면으로 전진해왔고 전세는 대프랑스군으로 기울게 된다. 이때까지 그루쉬의 군사들은 여전히 프로이센을 쫓고 있었다.

결과적으로 나폴레옹의 작은 실수들은 워털루 전투를 패배로 이끌었다. 유럽 대부분의 지역에 영향력을 행사하던 프랑스의 위력도 다시 빛날 수 없는 과거의 영광으로 사그라들고 말았다. 물론 나폴레옹만 실수를 저지른 것은 아니다. 적장들도 잦은 실수를 저질렀고 심지어 여러 번 대패했지만 승리를 얻었다. 다시 폐위되어 남대서양 외딴 섬에 내쫓긴 나폴레옹은 1821년까지 특별한 실수 없이 죽어갔다.

2. 카하마르카의 아타우알파

단 한 명의 실수로 약 4천만 명의 사람이 목숨을 잃을 수 있을까? 지리학자 디노반의 자료에 의하면 콜럼버스가 도착했을 때 남미의 인구는 5000만 명에 이르렀을 것이라고 추정한다. 하지만 스페인의 침략을 받은 1504년 이후 150년 간 전체인구가 400만 명으로 감소한 것으로 나타났다.

최초의 아메리카 점령은 중미에 집중 돼 있었다. 현재의 남미 대륙으로 눈을 돌린 사람은 스페인 용병출신의 프란시스코 피사로였다. 1524년 피사로는 파나마 지역 총독 페드로 아리아스 데 아빌라의 허락을 빌고 황금제국을 찾아 남미대륙 탐험을 시작한다. 몇 차례의 실패 후 1532년에는 지금의 페루 방면까지 진출하게 된다. 피사로의 군대가 페루 내륙의 카하마르카라는 지역에 이르렀을 때 운명적인 만남이 이뤄졌다. 현지 병사를 통해 당시 남미를 지배하던 잉카 제국의 황제 아타우알파가 카하마르카에 있다는 사실을 알게 된 것이다. 피사로는 곧바로 사신을 보낸다. 사신이 아타우알파에게 어떻게 만남을 이끌어 냈는지 전해지는 바는 없다. 다만 피사로와 아타우알파는 전혀 다른 목적을 갖고 만남을 가졌다.

보병과 기병 일부를 포함한 병사 168명과 3정의 소총, 2문의 대포를 모두 동원한 피사로는 애초 점령이 목적이었다. 반면 8만의 병사를 거느린 아타우알파는 가까운 거리에 군사를 대기시키고 일부 근위대와 함께 피사로에게 향했다. 피사로는 수적 열세를 극복하기 위해 미리 요새를 점령하고 대포와 병사들을 매복시킨 상태였다. 이복형제를 살해하고 잉카 제국을 정복한 아타우알파는 가마를 타고 당당하게 나타났다.

스페인 군이 가장 먼저 한 일은 레케리미엔토라는 선언문을 읽어주는 일이었다. 통보라는 뜻을 가진 레케리미엔토 선언문은 당시 아메리카 점령에 앞서 인디오들에게 자신들의 종교로 개종할 것과 왕을 섬길 것을 요구하는 일방적인 통보문이었다. 피사로는 또한 아타우알파에게 성경을 보여주기도 했다. 성경을 받아든 아타우알파는 아무 소리도 들리지 않는다며 그대로 던져버렸다고 전해진다. 이를 기화로 매복한 병사들이 쏟아져 나오기 시작했다. 아직 돌칼과 활을 무기로 사용하던 인디오들은 생전 처음 겪는 포성과 총성 그리고 말의 모습에 압도되었고 철갑으로 무장한 스페인군에 몰살당했다. 피사로는 아타우알파를 인질로 잡았다. 168명의 병사가 8만의 병사를 이긴 것이다.

사로잡힌 아타우알파는 자신이 갇힌 방을 사람 키만큼 채울 수 있는 황금을 줄테니 살려달라고 요구했다고 한다. 하지만 피사로는 금만 챙기고 풀어주지 않았다. 잉카 제국의 황제는 최후의 선택에 놓이게 됐다. 이교도로 죽으면 화형을 시키고 기독교로 개종하면 교수형에 처한다는 통보였다. 결국 아타우알파는 1533년 8월 29일 교수형을 당한다. 그는 최후에 이런 말을 남겼다고 전해진다. "내 이름은 후안, 이 이름을 가지고 죽어가는구나". 개종한 그의 이름은 '후안 데 아타우알파'였다.

이후 진행된 스페인의 남미 점령은 쉽지 않았다. 잉카의 후손들이 저항을 계속했기 때문이다. 결국 1572년 잉카의 마지막 지도자 투팍 아마루가 처형되면서 남미 대륙은 점령된다. 만약 아타우알파가 1만의 군사만 대동했더라도 스페인의 남미 점령은 더 늦어졌을 것이다. 혹은 4000여만 명 보다는 적은 사람들이 희생되었을지 모른다. 역사를 바꾼 아타우알파의 실수는 비참할 정도의 순진성이었다.

3. 덴마크의 유대인들

불행이 노크를 하고 찾아왔는데도 문을 열어준 사람들이 있다. 만약 끔찍한 고통과 슬픔의 전조가 찾아와도 이를 허용하는 사람이 있다면 다른 무엇 때문이 아니라 그저 습관이나 실수에 불과할 것이다.

'예루살렘의 아이히만'에는 유대인들이 친절한 게슈타포에게 문을 열어주는 장면이 나온다. 저자 한나 아렌트는 당시 독일의 유대인 학살 정책에 자발적이고 유효한 저항을 했던 유일한 국가로 덴 마크를 꼽으면서 관련된 일화를 소개한다. 덴마크의 협조를 받지 못한 독일 게슈타포들이 덴마크의 유대인들을 체포하는 장면이다. 그의 문장을 직접 읽는 편이 이해가 빠를 것이다.

'베스트는 베를린으로 가서 모든 덴마크 출신 유대인을 그들의 소속에 관계없이 테레지엔슈타트로 보낸다는 약속을 얻었다. 이는 나치스의 관점에서 보면 아주 중요한 양보였다. 10월 1일 밤은 그들 을 체포하고 바로 출발하는 날로 정해졌다. 배가 항구에 준비되어 있었다. 덴마크인들이나 유대인, 덴마크 주둔 독일 군대도 도움을 줄 것이라고 신뢰하지 않았기 때문에 경찰부대가 가택수색을 하기 위해 독일로부터 당도했다. 마지막 순간에 베스트는 그들에게 아파트 안으로 쳐들어가는 것을 허용 하지 않았다고 말했다. 그렇게 되면 덴마크 군대가 개입할 것이고, 그러므로 그들은 덴마크인들과 싸워서는 안 된다는 이유에서였다. 따라서 그들은 자발적으로 문을 연 유대인만 체포할 수 있었다. 전체 7800명 이상 가운데 집에 있다가 그들을 들어오게 하여 체포된 자는 정확히 477명이었다.'*

477명의 유대인들이 어떻게 문을 열어주었는지에 대한 정황은 알 길이 없다. 이들은 테레지엔슈타 트로 이송됐을 것이다. 테레지엔슈타트는 특권층 유대인들을 수용하는 곳으로 유명했던 곳이다. 이 곳에 수용된 지식인과 예술가들은 적십자 앞에서 인도적 수용소의 모습을 연출하기도 했다. 하지만 점차 수용소가 포화상태가 되자 많은 수용자들이 아우슈비츠로 이송됐고 학살당했다.

잠들지 못하는 밤 동안 내 머릿속에서 그들은 아무 의심 없이 문득 문을 열어주는 모습으로 등장한 다. 그리고 영문을 모르고 독일로 끌려간다. 나중에야 그들은 알게 된다. 자신의 작은 실수가 현재의 끔찍한 상황에 일조했다는 사실을. 뒤늦은 깨달음은 끊임없이 스스로를 괴롭히는 자책으로 이어졌 을 거다.

우울증, 공황장애, ADHD, 경계성 인격장애 등 마음의 아픔을 갖고 있는 사람들은 더 많이 실수한 다. 실수로 끝이 나는 게 아니라 실수에 대한 지독한 자책을 겪는다. 자책은 일반적인 수준의 스트 레스가 아닌 극심한 자기혐오로 확장된다. 우리에게 자책은 일종의 증상 중 하나로 생각되기도 한 다. 하지만 누구나 실수를 한다. 그리고 더 끔찍한 일을 겪은 사람도 많다. 우리가 겪고 있는 일은 생 각보다 그리 경악할 만한 일은 아니다. 몸이 아파 쉬다가 전쟁에서 패배한 장군이 있고, 무방비로 적 군에 붙잡혀 나라를 잃은 황제도 있다. 무엇보다 불행에 스스로 문을 열어준 사람들도 있다. 실수를 통해 사람을 잃었을 수 있다. 좀 더 심각하게는 인생의 경로가 바뀌기도 한다. 그렇다고 절망할 일은 아니다. 아직 결정적으로 실수한 것은 아니기 때문이다. 살아있고 활동하는 것들은 언제나 실수를 한다. 그러니 자신이 끔찍한 실수를 저질렀다는 생각이 든다면 역사 속의 인물들을 생각하자. 적어 도 우리는 그들보다는 나은 상황에 있다. Ⓜ

예루살렘의 아이히만, 한나 아렌트, 김선욱, 한길사, 2006, 253p

View.

당신의 풍경

흔적을 지우는 흔적

어느 타투이스트의 편지

Flowers Over Scars; a Letter from a Tattooist

타투이스트 연

MELANCHOLIA

"당신의 위로는 무엇인가요?"

저는 꽃을 그리는 2년 차 타투이스트입니다. 그리고 2년째 우울증 치료를 받고 있습니다. 타투를 할 때 저는 우울증 환자가 아닙니다. 눈앞에 있는 존재의 행복을 빌며 꽃을 피워내는데 열중합니다.

수많은 흔적이 지나간 자리에 꽃이 피는 순간, 저는 제가 자랑스럽습니다. 세상에서 제일 못났고, 미운 내가 아닌, 새로운 힘을 가진 사람이 된 것만 같습니다. 타투를 받는 사람도 멋있습니다. 아픈 순간들을 버텨내고 꽃을 피워내니까요.

우울증을 겪으면서 내가 무엇을 해야 행복할지, 어떻게 이 우울한 감정에서 벗어날 수 있을지, 나는 누구인지, 무엇을 원하는지 수많은 물음 속에서 밤을 지냈습니다. 그리고 아직도 답을 찾아가고 있습니다. 타투는 제게 기도이고 작은 위로이며, 견디기 위한 힘이기도 합니다. 하고 싶은 타투가 있어서 아직 죽지 않고 살아갈 수 있습니다.

저는 이런 타투를 제 스스로 발견한 작은 위로라고 생각합니다. 당신만의 특별한 위로는 무엇인가요? 없어도 괜찮습니다. 앞으로 찾아낼 테니까요. 찾지 못해도 괜찮습니다. 그저 흘러가는 시간 속에 우리를 맡기고 따라가다 보면, 문득 그리던 어느 곳에 도착하게 될 것입니다.

오늘은 이 글이 당신의 위로가 되길, 당신이 울지 않고 잠들 수 있길 바랍니다. Ⓜ

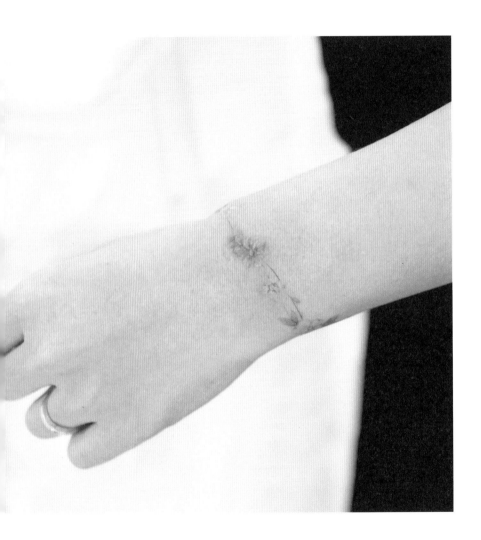

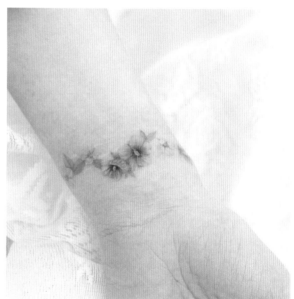

*사진 속의 타투는 흉터 위에 새겨진 꽃들입니다. 상처 위에 꽃을 피우는 작업을 매달 진행하고 있습니다. 관심이 있으시거나
문의사항이 있으시다면 인스타그램 tattooist_yeon의 공지확인 후 bloom0407@naver.com으로 메일 주시기 바랍니다.

식이장애 이겨내기
-자기혐오에서 벗어나는 일
Overcome Eating Disorders, Stop Self-Hatred

이진솔

매체에서 등장하는 식이장애는 도저히 손쓸 수 없는 불치의 모습을 하고 있다. 마른 몸에 집착하다가 하루하루 말라가고 끝내 망가져버리는 삶. 솔(이진솔)의 일상은 다른 누군가와 다름이 없다. 졸업 후 취업을 걱정했고 어렵게 해외 취업에 성공했다. 마음을 바꿔 한국으로 돌아와 게스트하우스에서 자유롭게 일하기도 했다. 다시 새로운 일을 시작하려 하는 솔은 여전히 길을 찾아 나서고, 애쓰고, 시도하는 청춘이다. 다만 식이장애는 살아가는 동안 큰 불편이 됐다. 때론 죽는 것도 두렵지 않을 정도로 지독했다. 깊은 어둠을 빠져나오니 다른 사람들이 보이기 시작했다. 그래서 유튜브로 또 브런치로 거식증을 말하고 폭식증을 말한다. 사람들과 식단일기를 공유하며 소통하기도 한다. 그가 말하는 식이장애는 '음식과의 잘못된 관계'이며 '자기혐오'이다. 그래서 가장 중요한 것은 '자신의 삶을 사는 것'이라고 말한다.

식이장애는 어떤 병인가요?

다양해요. 거식증도 있고 폭식증도 있고. 또 폭식증 안에서도 제거형 폭식증이라고 해서 먹고 토하거나 변비약을 먹고 속을 비운다거나 하는 게 있고, 비제거형 폭식증이라고 그냥 많이 먹고 많이 넣어버리는 것도 있고요. 거식증은 아예 안 먹는 거예요. 그냥 물만 먹어도 토하는 사람도 있어요. 저는 다 겪어봤는데 제가 가장 오래 겪었던 건 그냥 모든 걸 먹고 토하는 거예요. 아침에 눈 뜨자마자 물 먹고 토하고, 아이스크림 먹고 토하고, 그렇게 음식과 잘못된 관계를 맺고 있는 것 자체를 식이장애라고 말하는 거죠. 뭔가 섭취하는데 장애가 있는 거니까요.

이유가 뭘까요?

가장 많은 건 다이어트예요. 사람들이 말하는 "말라야 한다", "예뻐야 한다"에 맞추려고 하는 거죠. 요즘은 프리사이즈라고 해도 보통 55사이즈가 아니고 연예인들도 다 말랐고 길거리에도 성형, 다이어트 광고들이 넘쳐나니까요. 모두가 마르고 예쁘고 외모에 신경 쓰지 않으면 도태되는 사회라는 걸 말하고 있으니까. 그래서 거기에 집착하게 되고 또 살을 빼면 살 빠졌다고 예뻐하고 칭찬하고 그런 이유가 가장 흔하죠. 저 같은 경우에는 저희 집안 문제 때문에 스트레스를 받다가 스트레스 해소 방법 중에 하나로 나타난 거고요. 어떤 트라우마 때문에 먹지 못하는 사람도 있어요. 또 꼭 먹는 것 때문에 트라우마가 생긴 게 아니라도 자기 자신이 미워서 그런 경우도 많아요. 내 몸을 아프게 하고 싶고 내 몸을 혹사시

키고 싶으니까 폭토를 하고 안 먹거나 말로 표현할 수 없을 정도의 양을 먹는 거예요. 여러 문제가 식이장애와 동반 되어서 일어나기도 하고 다양해요.

진솔님의 이유는 무엇이었나요?

제가 원래 울산에 살다가 양산으로 이사를 왔어요. 아버지 돈 문제 때문에 이사를 오게 된 거예요. 집안이 어려워져서 할머니 댁으로 들어왔는데 그때부터 아버지가 굉장히 폭력적으로 변하셨어요. 그러면서 제가 집에도 못 들어가게 되고 아버지를 경찰에 신고하고 그런 날들이 이어졌어요. 어느 날은 숙제가 있었는데 모텔에서 자고 가야 해서 숙제를 못 했어요. 다음 날 선생님이 왜 숙제를 못했냐 하시는데, "아버지 때문에 모텔에서 잤어요." 이렇게 말을 못하잖아요. 그래서 그냥 혼나고 급식을 먹는데 급식이 소화가 안 되는 거예요. 약을 먹어도 안 되니까 선생님이 "토해라. 토하고 나면 괜찮을 거야" 그러셨어요. 그때 토를 했는데 너무 후련함을 느낀 거죠. 모든 게 해소되는 느낌. 가정폭력이란 건 제가 해결할 수 있는 문제가 아니니까. 어떻게든 해소되는 느낌을 느끼고 싶은데 토를 하면서 해소감을 느낀 거죠. 그래서 집에만 가면 토를 하기 시작했던 것 같아요.

집에 그런 문제가 있으면 토를 하고 그러다가 음식을 먹으면 자연스럽게 토가 나오는 상황이 됐어요. 실이 빠지니까 친구들은 "진솔이 살 빠졌다", "훨씬 낫다", "계속 유지해라" 이런 얘기를 했어요. 그러다보니 더 토를 하게 되는 거죠. 집안에 있는 나와 바깥에 있는 내가 다른 사람이

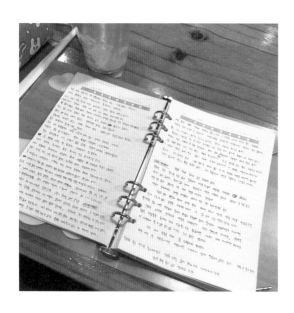

됐어요. 집 안에 가면 맞고 괴롭고 그런 상황인데 밖에 나오면 살이 빠졌다는 이유로 칭찬받고, "잘 먹는데 안 찌는 아이다", "좋겠다". 부러움의 대상이 되는 거예요. 그런 식으로 이어졌던 것 같아요. 마름에 집착하게 되고 토하는 게 일상이 되기 시작하고 토를 멈출 수가 없게 된 거죠.

특별히 나빴던 때는 언제였나요?

지금은 거의 극복 했다고 말할 수 있는 상태가 됐어요. 심할 때는 우울할 때죠. 땅굴 속에 들어갈 때는 먹는 게 되게 죄스러워져요. 먹을 자격도 없는 애가 먹고 있는, 식충이 같다는 느낌이 들면 더 토를 해요. 스트레스 해소 방법이 저는 먹고 토하는 방법 밖에 없으니까 악순환에 있는 거예요. 식충이라고 생각하면서 먹고 토하

고, 먹고 토하고, 자기혐오예요. 제가 너무 싫은 거죠. 토하는 내가 너무 싫은데 토하는 것밖에 할 수 없는 그런 느낌.

건강에 상당히 좋지 않다고 하신 걸 봤어요.

정신질환 중에서 사망률이 높은 질환 중 하나가 식이장애에요. 식도암에 걸릴 확률이 높고 또 심정지가 올 수도 있고요. 심장발작, 저혈압부터 해서 온갖 병이 다 걸리는 것 같아요. 빈혈도 엄청 심해지고 소화기능은 아예 잃어버렸던 것 같아요. 그땐 한 번 밥을 먹으면 8시간을 기다려야 소화가 되는 것 같은 느낌이 들었어요. 8시간이 지나도 소화가 안 돼서 토를 할 때도 있었어요. 근데 시간이 지났는데도 하나도 소화가 안 된 채로 토가 그대로 나오는 거예요. 이도 상하고 피부는 뒤집어지고 머리도 빠지고

얼굴형이 변해요. 독소가 올라오는 거니까요.

어떤 게 제일 불편한가요?

밥 먹을 때요. 사람들이랑 밥 먹을 때 일단 화장실이 어디 있는지 확인해야 해요. 그리고 사람들이랑 어떤 걸 얼마나 먹는지 비교를 해요. 먹는데 집중을 못하고 토할 생각이랑 이 사람들보다 적게 먹어야지라는 생각을 계속 하게 돼요. 그래서 사람 만나기가 꺼려져요. 친구들 만나는 날에는 하루 종일 쫄딱 굶고 가요. 토를 못할 수도 있으니까요. 저는 화장실을 못 찾아서 밖에 나가서 하수구에 토한 적도 많아요. 토를 못하면 초조해져요. 그러면 그냥 바깥에 있는 풀숲에 들어가서 토하는 거죠.

식이장애가 특수성이고 가치가 될 수 있으니까 놓지 못하겠다고 하신 얘기가 기억에 남아요.

스무 살까지 어떤 생각으로 버텼냐면요. 여러 가지 폭력적인 상황에 노출되다보니까 내가 이걸 버텼는데 뭐든 되지 않을까? 나에게 구원이 있지 않을까? 남들에겐 없는 뭔가가 있지 않을까? 생각했어요. 근데 없더라고요. 그걸 느꼈을 때 허무함과 공허함이 엄청 컸어요. 근데 그걸 못 놓는 거예요. 나에겐 그거밖에 없으니까. 식이장애, 폭력 피해자. 나한텐 상처를 버텨낸 거밖에 없는데 그거 가지고 뭘 할 수 있는 건 없으니까. 얼마 전에 면섭을 봤어요. 제가 계속 식이장애 얘기만 하고 있는 거예요. 그 얘기를 하는 저를 보면서 '안 되겠다. 일단 면접 떨어진 건 당연한 거고 인생 전반적으로 한 번 훑어볼

필요가 있겠다' 해서 쉬면서 생각하기로 했는데 잘 안 쉬어 지더라고요. 불안하니까.

식이장애를 자신의 정체성이라고 생각할 수도 있다는 말이죠? 그런 분들이 많이 있나요?

자기 정체성이라고 생각하시는 분들은 많이 없어요. 근데 얘기하다보면 "저도 쌤님과 비슷한 것 같아요"라고 하시는 분들이 많은 것 같아요. 제가 메일을 받고 얘기를 나누면서도 그게 자기가 가진 유일한 가치라고 생각하기도 하고 그나마 내 삶을 이어갈 수 있는 유일한 끈이라고 생각하시는 분들도 있어요. 마르지 않으면 살 수 없다거나 폭식을 하시 않으면 살 수 없다거나. 삶과 연결되어 있으니까요.

식이장애에 대한 일반의 시선에는 절대 나을 것 같지 않은 느낌이 있어요. 호전 가능성은 어떤가요?

정말로 어려운 병인 것 같아요. 환자들이 갖고 있는 생각이 너무 확고하거든요. 거식증 환자분들 중에는 이런 경우가 많아요. '나는 먹으면 안 돼', '먹고 싶지 않아', '먹을 수 없어' 그게 너무 확고해서 본인이 극복하려는 의지가 없으면 정말 답이 없는 것 같아요. 아무리 주변에서 영양제를 투여하고, 먹이고, "괜찮다, 좋다" 해줘도 낫기가 어려워요. 죽는 것보다 먹는 게 더 두렵다고 하시는 분들도 계세요. 먹고 살찔 바에 죽는 게 낫다. 죽는 거에 대한 두려움이 없는 거예요. 살찌는 두려움이 죽는 거에 대한 두려움을 이긴 거잖아요. 아니면 살고 싶지 않으니까 안 먹는 사람도 있어요. 살찌고 싶지 않은 거랑

별개로. 죽음에 대한 두려움이 없는 사람들이 많아요. "너 죽을 수도 있어" 이런 말에 아무 두려움이 없는 거죠.

실제로 죽음으로 이어지기도 하나요.

많이요.

가장 적극적인 자기혐오로 보이기도 해요

저는 자해라고 생각해요. 자기를 해하는 거죠. 상처가 보이진 않지만 계속해서 자기를 죽여가는 거니까.

진솔님의 브런치 글을 보면 어머니께서 언어적으로 다소 거칠다는 느낌도 들었어요

어렸을 때 아버지의 폭력이 굉장히 심했었어요. 특히 10대 때, 어른이 돼서는 같이 싸웠고요. 싸우다 보니 가족 전체가 싸우게 되는 날도 많았어요. 상처도 많고 예민하니까 엄마와의 대화도 항상 날이 서있고 아버지 폭력의 가장 큰 피해자는 엄마고 그 모습을 보고 듣다 보니 어느 순간부터 내가 엄마 인생을 망쳤다는 생각이 커졌어요. 나라는 존재가 엄마 인생을 망쳤고 태어나서 엄마한테 아무런 도움이 안 되고 엄마의 자랑도 될 수 없는 엄마를 창피하게 하는 존재? 진심이 아닌 부분도 많았을 거라고 생각해요. 지금은 어느 정도 나이가 들어서 속이야기를 터놓게 되었어요. 엄마의 말과 행동들이 상처가 아니었다고 말할 수는 없지만 엄마도 결국 같은 피해자니까요. 가장 많이 아팠

지만 누구보다 저와 동생을 지키려고 노력하셨다는 걸 알아요. 그때는 모두가 정상일 수 없었으니까 앞으로가 중요하다고 생각해요.

진솔님은 거의 극복한 상태라고 하셨는데 어떻게 나아졌나요?

학교 다닐 때 사이비 종교에 속해 있던 사람을 2년 간 만났어요. 일 년 동안 속였고 나머지 일 년은 저를 전도 하려고 했었어요. 모든 걸 보고 해야 했어요. 시간 스케줄부터 옷 입는 스타일, 화장하는 스타일, 어디 있고 누구랑 뭘 하고 있는지 등등. 또 다툴 때마다 제 탓을 했어요. "니가 우울해서 그래", "너네 집이 그런 집이어서 그래", "니가 그런 일을 당해서 그래" 심지어 "너네 엄마랑 너네 동생이랑 니가 선택한 길이야"라고도 말했어요. 우리가 불행을 선택했다는 거죠. 그때 정신이 확 들었어요. 저한테는 그 시간들이 겨우겨우 버텨낸 시간들이었고 절대로 원하지 않는 시간들이었거든요. 굉장히 피폐해졌어요. 한 달에 몇 주 동안 잠도 제대로 못 잤고 매일 울다가 하루가 끝났어요. 결국엔 헤어졌어요. 그러고 나서 죽어도 잘 죽고 싶어졌어요. 내 선택으로 내 인생을 살고 싶다고 생각했고, 내가 나를 혐오하고 내가 나를 쉽게 보고 내가 나를 가볍게 여기니까 이런 일이 일어난 거라고 생각했어요. 나를 이용한 거니까요. 그러니까 너무 화가 나는 거예요. 이용당했다는 사실이. 배신감이 가득 차올라서 '얕보이고 싶지 않다'고 생각했어요. 스스로에게 기회를 주고 싶었어요. 한 번도 스스로에게 나아보자고, 해보자고 말한 적도 없고 믿어준 적

도 없거든요. 죽더라도 나한테 덜 미안하고 싶었어요. '해볼 수 있는 건 다 해봤다'라고 생각할 수 있도록. 그래서 저를 가장 힘들게 하는 오래된 습관인 식이장애를 고치는 것부터 시작해야겠다고 생각했어요.

진솔님에게는 충격적 사건이 계기가 되었는데 그런 계기가 없는 분들도 많이 있을 것 같아요.

저는 운이 좋은 사람이에요. 아마 그 일이 없었다면 지금도 토를 하고 있었을 거예요. 하지만 굳이 부정적인 계기를 통해서 나아질 필요는 없다고 생각해요. 저는 부정적인 일로 바뀌었지만 다른 사람들은 긍정적 계기를 겪으셨으면 좋겠어요. 그래서 유튜브나 브런치로 부끄럽지만 계속 이런 이야기들을 하고 있는 거고요. 그

런 말을 많이 들어요. 구독자가 많이 없고 솔님을 좋아하는 사람이 아주 많지 않아도 그냥 계속 활동해줬으면 좋겠다는 말이요. 굉장히 든든한 것 같아요.

유튜브로 관련 이야기를 풀고 있으신데 공개에 대한 두려움은 없었나요?

사실 처음은 유서였어요. '내가 죽고 나서 엄마랑 아빠가 봤으면 좋겠다'라는 생각으로 시작했었고 별 이야기는 아니었어요. 일 년 지나고 식이장애에 대한 이야기를 시작했어요. 사람들이 많이 볼 거라고 생각을 안 했어요. 구독자가 100명도 안 됐거든요. 사람들이 보게 되면서 부정적인 말도 많이 듣게 됐어요. 이해를 바라진 않지만 나쁘게 오해하는 사람들이 많아요. 더

럽다는 말을 제일 많이 들었던 것 같아요. 먹고 토하는 괴물들이고 다이어트하고 마르고 싶어 하면서 자기합리화한다. 이렇게 말하는 사람들도 많았고요.

반대로 위로받고 소통하는 분들도 많을 것 같아요.

메일이나 디엠으로 연락을 많이 주세요. 최대한 모든 분들에게 답변해 드리려고 하고 있어요. 장기적으로 2년 넘게 연락 주시는 분들도 계세요. 한 번에 나아질 병은 아니라고 생각해서 계속 같이 관리해 나간다는 느낌으로 하고 있어요. 식단을 공유하기도 하고 오늘은 좋았는지 나빴는지 서로 확인도 해주고요. 저한테는 힘이 많이 되는 일이고 그분들에게도 힘이 되었으면 좋겠어요.

갑자기 식이장애가 생긴 분들은 가장 먼저 뭘 해야 할까요?

본인이 언제 그런 생각을 했는지 마주하는 연습을 하는 게 중요해요. 순간순간을 기록해야 돼요. 어떤 마음이 들었는지, 어떤 상황이고 상태였는지 그럴 때마다 자기 마음을 컨트롤해야 하는 거죠. 저는 폭토가 심한 사람이어서 '이런 상황이면 토를 하겠구나. 그런데 토를 할 필요는 없어. 하지 않아도 돼'라고 기록들을 보면서 마음을 많이 다잡는 편이에요. 식이장애를 앓고 계신 분들 중에는 본인이 식이장애를 갖고 있다는 걸 모르시는 분들이 많아요. 그렇기 때문에 처음 의심이 들 때부터 제대로 인지하고 마주하기 위한 노력이 중요해요. 정말 어렵

지만 스스로 인지하고 인정하지 않으면 아무리 주변에서 노력해도 달라지기가 쉽지 않아요. 가능하다면 전문가의 도움을 빨리 받는 게 좋아요. 초기에 치료를 시작할수록 증상이 호전될 확률이 높아요. 식이장애는 정신질환으로 등록되어 있는 병이에요. 본인이 나약하거나 문제가 있는 사람이어서가 아니라는 말씀을 꼭 드리고 싶어요. 또 하나는 폭토를 하시는 분들 중 많은 분들이 그냥 어느 순간 토를 했다고 말씀하세요. 자신도 모르게 토를 한다고요. 습관이 되면 확실히 그렇긴 해요. 하지만 아주 작더라도 순간의 계기가 있어요. 마음의 불안, 스트레스 상황이 있었을 수도 있고, 어떤 말을 들었을 수도 있어요. 누군가의 눈빛을 느꼈을 수도 있고요. 그런 순간들을 하나하나 알아가고 대비할 수 있는 방법을 만들어야 해요. 근데 그게 정말 어려워요. 저도 아직 많이 흔들리거든요.

앞으로의 계획은 무엇인가요?

대학교 학사가 상담이어서 계속 그 언저리를 돌고 있는 것 같더라고요. 유튜브도 그렇고 블로그도 그렇고. 아예 직접적으로 도움을 드릴 수 있는 방법을 찾으려면 제가 전문가가 되는 방법밖에 없는 것 같다는 생각이 들어서 대학원을 갈까라는 생각도 하고 있어요. 혹여 가지 않더라도 꾸준히 활동하고 싶어요. 여러 모임도 진행하고 싶어요. 그러기 위해선 아무래도 대학원에 가는 게 맞지만 지금은 그냥 최선을 다해 오래오래 한 분에게라도 더 도움이 되는 사람이 되고 싶어요. Ⓜ

내가 다시
몸을 일으켜야 하는 이유

The Reason Why I Need to Try Again

표가은

다시 시작해야 할 이유가 있다면 힘든 몸을 일으킬 수 있다. 반대로 일어날 힘이 있으면 무언가 해낼 수 있다. 심한 우울증에 걸렸을 때 일상은 무의미하며 몸은 무기력해진다. 우울증에서 벗어나기 어려운 이유는 무언가를 해야 할 동기와 동력을 모두 잃어버리기 때문이다. 그럼에도 변화는 일어난다. 방송작가로 활동해왔던 표가은은 작은 신호들을 놓치지 않으려고 노력했다. 지금 내 곁에 있는 사람, 그리고 지금 내가 일어나야 하는 이유들을 꼭 붙잡았다. 아직 완전히 괜찮아지진 않았지만, '자신을 더 사랑하는 일을' 멈추지 않으려 한다. 믿음이 없으면 아무런 일도 일어나지 않기 때문이다.

현재 어떤 일을 하고 있나요?

주로 시사교양 쪽 방송 프로그램에서 작가로 일해 왔어요. 뉴스도 있었고 '옴부즈맨 프로그램'이라고 해서 시청자 의견을 전달하는 프로그램도 있었고요. 최근에는 방통대에서 강의를 위한 교수님들의 원고가 나오면 그 원고를 수정하고, 학생들의 리액션을 담아서 재구성 하는 일을 했죠. 글 쓰는 일을 쭉 해왔다고 보시면 될 것 같아요.

앞으로도 시사교양 쪽에서 일하려고 하나요?

사람들에게 용기를 주고 또 세워주고, 힘을 주는 글을 쓰는 게 목표에요. 작년에는 '내 마음이 왜 이래'라는 고민을 풀어주는 책이 있는데 그걸로 팟캐스트를 만들었어요. 저도 제 경험담을 통해서 희망과 용기를 주되 특별히 마음이 아프신 분들이 있다면 정신과 상담이나 심리 상담을 두려워하지 않고 긍정적으로 생각하게 도와주는 그런 글을 만들고 싶어요.

인스타 계정에 책과 음악 관련 정보가 많은데 취미가 도움이 많이 되나요?

무기력에서 완전히 헤어 나올 수 없을 때는 모든 것에 흥미를 잃어버려요. 조금 나아졌을 때는 전시회를 간다거나 서점을 간다거나 하는 것 같아요. 책을 보다 보면 '나만 이런 생각을 한 게 아니구나.' 하는 공감이 되기도 하고 새로운 시야를 준다는 점에서 도움이 많이 되는 것 같아요. 특히 사진전을 좋아해요.

방송 쪽 일이 상당히 힘든 걸로 알고 있는데 어려운

점은 없었나요?

일 자체나 사람을 만나는 건 어렵지 않았어요. 굉장히 기분 변화가 심한 기자분이 있었어요. 회사에서 써서는 안 되는 호칭으로 부르거나 무례한 행동을 하셨어요. 그때가 스물일곱이었는데 제대로 대처를 못했어요. 직업적으로는 그때가 속병을 많이 앓았던 것 같아요. 지금도 그분을 생각하면 싫은 느낌을 느끼거든요. 한번이라도 제가 여기는 회사인데 저한테 그렇게 부르지 말아주세요. 했으면 좋았을 텐데. 그래서 싸우면 싸우는 거고 받아들이면 받아들이는 거잖아요.

우울증을 겪고 있다는 건 어떻게 알게 됐나요?

31살 때 한 어플을 통해서 한국인 과학자를 알게 됐어요. 세 번인가 네 번 정도 만났어요. 서로 마음이 있었다는 걸 확실히 알았는데 문제가 있었어요. 그 분 랩이 파리에 있어서 가야 했어요. 그분은 장거리 연애를 할 수 없는 사람이었던 것 같아요. 3월에 떠났는데 9월에 들어올 거라고 해서 꽤 기다렸죠. 근데 한국에 와서 만나기로 한 날 약속을 취소했어요. 제가 그 전에 좋아한다는 표현을 많이 했었어요. 그게 그분은 받아들일 수 없고 부담스러웠던 것 같아요. 제가 충격을 받았던 건 이 사람이 저를 안 만나고 갈 거라는 뉘앙스를 느꼈지만 그래도 약속을 했기 때문에 만날 거라고 생각했는데 그냥 떠난 거죠. 상처를 많이 받았어요. 어떻게 보면 별일이 아닐 수 있는데 저한텐 그랬어요. 연애에 서툴렀던 거일 수도 있죠. 제가 엄마를 케어 하면서 굉장히 많이 지쳐 있었거든요. 엄마도 자살 시도를 두세 번 정도 하셨어요. 그러면 일하다가도 집으로 달려가고 싶고, 나중에는 반복되니까 병실에 엄마가 누워 있어도 담담해졌어요. 그게 더 무섭더라고요. 여러 감정들이 다 엮이면서 치료를 받게 됐고 우울증으로 진단 받았어요.

어머니 때문에 많이 힘드셨겠어요.

지금도 힘들어요. 엄마가 옷을 굉장히 좋아하세요. 제가 생각할 때는 엄마는 옷을 사는 걸로 우울을 푸셨던 것 같아요. 근데 저도 어느 순간부터 옷을 사고 있는 거예요. 그게 우울을 해결해주는 방안일 수는 있지만 일주일에 몇 번씩 사는 건 경제적으로 좀 버거운 일일 수 있잖아요. 심지어 엄마 방에는 택을 안 뗀 옷들이 많았어요. 제가 입지도 못하게 하셨어요. 엄마 옷을 입고 나갔다 들어오면 현관 그 자리에서 바로 벗으라고 하셨죠. 제 증상을 숨기다가 이야기하게 되고 그러면서 서로 조금은 이해하게 된 것 같아요. 이제 제가 먼저 제 옷을 드리고 엄마도 그러기도 하시고 지금은 회복 중이라고 할 수 있겠죠. 그런데 엄마를 보면서 제 미래의 모습을 투영해 보게 돼요. 엄마처럼 저렇게 똑같이 하면 어떡하지. 그런 생각들 때문에 엄마를 보면 더 우울해지기도 해요.

가장 힘들었을 때는 언제인가요?

제 방문을 부서져라 두드리신 적이 있어요. 제가 엄마와 대화를 원하지 않으니까. 그러면서 엄청나게 욕도 하시고, 제가 생각했을 때 이 문을 열면 두들겨 맞을 것 같은 기분이 들었어요. 그래서 경찰에 신고를 했어요. 형사들이 오셨는데도 엄마는 저를 그렇게 하려고 하시더라고요. 형사

분이 그랬어요. 지금 접근금지 신청을 하게 되면 엄마가 이 집에서 나가야 한다. 제가 나가는 게 낫다는 거죠. 그래서 갑자기 분리 돼서 나오면서 이태원 게스트하우스에서 지내야 했어요. 그런데 그 힘든 시간을 거기서 조금은 치유할 수 있었어요.

지지해주는 사람은 없었나요?

20대 때는 신앙에서 힘을 얻긴 했는데 그땐 그것만이 답이라고 생각해서 문제가 됐던 것 같아요. 작년 12월에 남자친구를 사귀게 됐어요. 굉장히 헌신적이에요. 몇 달 전만해도 입원치료를 고려했었거든요. 제가 힘들 때 연차나 반차를 쓰고 달려와 주고 출근을 못할 것 같으면 출근할 수 있게 도와주려 한다거나 그런 점들 때문에 입원하지 않게 됐고 많이 도움이 됐어요. 그 친구를 안 만났더라면 어떻게 됐을까 생각해요.

다른 사람과 많이 달랐나요?

이 친구가 했던 행동 중에서 가장 인상적인 게 두 가지인데요. 하나는 포용력이 넓은 게 남자다운 거라고 말했던 것. 두 번째는 제가 악몽 때문에 힘들어했을 때 시간에 상관없이 전화해도 받아주는 거였어요. 다른 이성친구를 만났을 때는 그런 지지나 포용력을 느끼긴 못했었던 것 같아요. 저도 어렸고요.

가은님의 우울증 때문에 힘들어 하지는 않나요?

종종 물어봐요. "힘들지 않아?", "내가 우울해서

싫지 않아?" 하면 그 친구의 답변은 거의 한결 같아요. 걱정이 된다고 해요. 힘들다기 보다는 걱정이 되고 그리고 나았으면 좋겠고 빨리 건강해졌으면 좋겠다라는.

창의력을 필요로 하는 직업에 종사하는데 우울증이 도움이 되기도 하나요?

예상치 못했던 힘을 줄 때가 있죠. 우울증이 심해서 응급실에 간 적이 있는데 겉으로 볼 때는 제가 제일 멀쩡해요. 하나도 다친 데가 없거든요. 근데 내면은 폭풍 수준이죠. 그런 게 있는데 표출이 안 되다가 감성적으로 강하게 나올 때가 있어요. 또 경험적으로 의미 있다고 생각해요. 제가 작년에 정신질환 관련된 팟캐스트를 진행한 적이 있는데요. 겪어보지 않았다면 쓸 수 없었겠죠. 경험을 해보고 나오는 것과 경험해보지 않고 나오는 건 미묘한 차이가 있을 것 같아요. 근데 우울이란 감정은 도가 지나치면 사람을 무너뜨린다고 봐요. 멀리 봤을 때 이롭다고 생각하진 않아요.

가장 심했을 때는 언제인가요?

언젠가 자해를 하고 싶은 충동이 며칠 간 이어졌어요. 아직도 제 손목에 약간 자국이 남아 있어요. 나를 해하고 싶다는 생각이 자꾸 드는 거예요. 그것 때문에 입원치료를 고려했었어요. 저도 제가 자해를 할 줄 몰랐어요. 충격이있죠. 님자친구가 다이소 같은 데 가서 아이들이 갖고 노는 장난감 칼을 사준다고 했어요. 제가 그럴 거면 요술봉을 사달라고 했거든요. 그래서 한동안

그 요술봉을 가지고 놀았어요. 이 나이에. 소리가 나요. 또 불도 들어오고. 그 사이에 다행히 자해충동이 사라졌어요. 하지만 완전히 사라진 건 아니더라고요.

특정한 상황이 있었나요?

제가 아무 것에도 흥미를 못 느끼는데다가 일을 하고 싶다는 욕구가 전혀 안 드는 거예요. 그래서 삶이 희망도 없고 그냥 놓아버리고 싶은 거죠. 일이 없었던 게 가장 큰 문제였던 것 같아요. 처음엔 그랬어요. 근데 일이 생기면 해결 돼야 하잖아요. 근데 일이 생긴다 해도 하기가 싫고 의미가 없게 느껴지는 거죠. 어차피 종영되면, 계약 만료되면 끝인데 내가 이 일을 해야 해? 그런 생각. 자해 충동의 원인은 일이 없었던 것과 의미를 못 느끼고 목표가 상실된 것 때문이었던 것 같아요.

직업의 특성상 그런 상황들을 자주 겪어왔기 때문에 한 번에 터진 것 같기도 하네요.

그렇죠. 한두 번이 아니었으니까요. 그리고 나이가 들수록 방송작가라는 직업은 안정적으로 일을 할 수 있는 직업이 아니에요. 프리랜서니까 흔히 말하는 사대보험도 안 되고 그리고 보장된 것도 없고요. 불안정함이 한몫 했죠.

자신만의 노력 방법은 없었나요?

누군가 무라카미 하루키에게 그런 질문을 했더라고요. 자기 하루 생활이 하나도 의미가 없고

정말 뭘 해야 할지 모르겠는데 어떻게 해야 하냐고. 그런데 하루키가 딱 한 마디 했더라고요. 그럴 때일수록 몸을 써야 한다고. 움직여야 한다고. 저는 일단은 우울하고 무기력할 때는 저 자신을 거기에 젖어있게 놔둘 때가 많았고요. 조금이라도 힘이 나면 많이 걸어 다녔어요. 여기저기 특히 쇼핑하는 걸 좋아했으니까요. 그래서 안 사더라도 구경을 한다거나 계속 걸어 다녔어요. 걸어 다녔던 게 도움이 됐어요. 무리하진 않아도

되니까. 그리고 걷는 게 돈이 드는 일도 아니잖아요. 제가 집이 충무로 쪽이에요. 종로로 빠지기도 쉽고 명동, 서울역, 광화문 마음만 먹으면 이태원도 걸어올 수 있더라고요.

운동하는 게 도움이 된다는 건 알지만 일어나기가 너무 힘들죠.

사실 우울증을 심하게 겪으면 위생에도 신경을

안 쓰게 돼요. 한 마디로 씻지 않는다는 거죠. 2, 3일 정도 안 씻었다는 생각이 들면, 너무 나를 놔버린 건 아닌가 하는 생각이 들 때가 있어요. 그러면 씻기라도 하잖아요. 그 씻는 순간을 이용하는 거예요. 아니면 목이 마르면 물을 마셔야 하잖아요. 어쩔 수 없이 그때 움직이잖아요. 그럼 그때 연이어서 움직이는 거예요. 뭐든 잡는 거죠. 근데 살아가면서 그런 순간이 안 올 수는 없거든요. 심지어 여름이면 옷이 땀에 젖잖아요. 한 번이라도 갈아입어야 하잖아요. 그런 순간이 올 때 조금이라도 더 움직이려고 하는 거죠. 그것도 깊은 우울감에서 벗어나기 위한 전략이 됐었죠.

지금은 어느 정도 좋아진 상태인가요?

아직은 어려운 상황인 것 같아요. 언제, 어느 순간 우울이 터질지 모르고 휩싸일 수 있기 때문에 방심할 수 없는 느낌이죠. 제가 최근에 마음이 아팠던 건 밤 9시, 10시에 이미 기분이 처지면서 약을 먹어야 할 것 같은 느낌이 들었던 거예요. 기분이 너무 빠른 주기로 움직이는 거죠.

겉으로 보기에는 굉장히 좋아 보여요

저는 사람을 상대하는 직업을 가져왔잖아요. 그래서 사람 만날 때는 굉장히 괜찮아 보여요. 혼자 있을 때가 항상 문제예요.

그런 성향 탓에 대비하지 못하고 지나치는 경우도 많았겠네요.

제가 우울함을 내색을 잘 안 하거든요. 첫 의사 선생님도 그러시더라고요. "정신과 진료를 받는 걸 주변사람들에게 얘기를 해야 되나요. 말아야 되나요." 그런 질문을 많이 받는다고요. 근데 마음 가는 데로 하라고 하시더라고요. 작년에 제가 집을 나와 있는 상황에서 가족들이 연락이 잦았어요. 엄마가 저를 위치 추적하는 상황까지 생겼고요. 그런 집착 같은 것들을 견딜 수가 없었어요. 그래서 혼자 이겨내려고 노력하던 차에 게스트하우스에서 좋은 친구들을 만났고 적재적소에 대화할 수 있는 좋은 사람들이 있었던 것 같아요.

일을 다시 시작하면 힘든 생활이 시작될 수 있는데 어떻게 준비하고 있나요?

아침에 잘 못 일어났었어요. 남자친구가 저에게 입원을 권유한 이유 중 하나가 규칙적인 생활 때문이었어요. 입원하면 고정적으로 아침에 식사하고 사이클이 돌아가잖아요. 제가 지금 예전 사이클로 돌아가기 위해서 노력하고 있는 건 정신과 치료예요. 선생님 뵙는 시간을 절대로 놓치지 않으려고 해요. 예전에는 못 간 적이 많았었는데 지금은 아무리 힘들어도 상담시간을 절대 빠지지 않고 약을 빼먹지 않고 먹고 있어요. 그렇게 노력하고 싶은 이유는 남자친구를 더는 걱정하게 하고 싶지 않다는 생각 때문이 강해요. 저를 지지해주고 도와주는 사람에게 어느 정도의 기대치는 채워줘야 하지 않을까 해서요. 그 친구가 제일 바라는 건 제가 저 자신을 더 사랑하는 거거든요. 그 기대치를 낮추지 말자. 항상 그걸 생각해요. Ⓜ

아픔을 겪는 사람들과 소통하는 법

How to Communicate with Someone in Pain

김하나

다른 사람을 이해한다는 것은 누군가에게 공간이 되어주는 일이다. 가족과 친구가 우리에게 있을 곳이 되어주는 것처럼. 전주시 리빙랩 프로젝트를 통해 용기충전소를 운영한 김하나는 매일 기다리는 일을 했다. 자신처럼 때론 아팠고 흔들렸던 여성들이 찾아와 이야기를 나누고 창작을 하고 소통을 했다. 결국 아픔이 아픔으로 끝나지 않고 나눔의 기억이 됐다.

리빙랩 프로젝트는 어떤 사업이었나요?

전주시 사회혁신센터에서 진행한 지원 사업인데요. 시민들 주도로 현재 갖고 있는 문제를 설정하고 해결할 수 있도록 하는 프로젝트였어요. 저는 용기충전소 프로젝트를 통해 지원했고요. 현재는 종료된 상태입니다.

용기충전소는 어떤 활동들을 했나요?

여성과 청년들을 위한 심리치유 프로젝트를 제공하는 공간이었어요. 전북대 인근에 공간을 마련해서 언제든 사람들이 와서 들릴 수 있게 했어요. 제가 아홉시부터 여섯시까지는 계속 있으려고 했거든요. 고민이 있으면 언제든 이야기할 수 있게요. 근데 그냥 열어놓으면 좀 그러니까 아홉시부터 열두시까지는 스터디 클럽으로 해서 아무나 와서 공부할 수 있게 했고 두시부터 다섯시까지는 창작 치유 프로젝트를 진행했어요. 월요일에는 집단 상담 프로그램을 진행했고요.

시작하게 된 계기는 무엇인가요?

원래는 취업 준비를 하고 있었어요. 그런데 갑자기 자신이 없어졌어요. 그래서 창업을 생각하게 됐어요. 창업 교육을 받으러 다니기 시작했는데 돈 얘기만 하더라고요. 단순히 돈을 벌고 싶지는 않았고 뭔가 의미 있는 일을 하고 싶다는 생각이 들었어요. 내가 지금까지 살아오면서 얻은 걸로 누군가에게 도움이 될 만한 일을 할 수 있을까 생각해봤어요. 그때는 제가 취업 준비하면서 많이 외로웠던 것 같아요. 우울증도 굉장히 심해

졌었고 자해도 했었고 언제 일을 저지를지 모르는 상황이었어요. '어차피 죽을 거라면 의미 있는 일을 하다가 죽자' 그런 생각을 했어요. 그리고 나처럼 혼자인 사람을 만나보고 싶다는 생각을 했어요. 그래서 이런 공간이 있으면 좋겠다. 집단 상담도 해주고 낮에는 와서 창작활동도 하고 사람들도 만나고, 아침에 눈 떠서 갈 수 있는 곳이 있으면 좋겠다 생각했어요. 그렇게 계획서를 작성했던 것 같아요.

대상을 여성, 청소년으로 한정하셨는데 특별한 의미가 있나요?

우울증을 겪게 되는 계기는 사람마다 다 다르잖아요. 그 중에는 남자가 같은 공간에 있으면 말하기 어려운 일들도 있을 거고. 저는 그런 얘기까지 나눌 수 있는 공간이었으면 해서 남성분들을 죄송하게도 배제하고 모임을 만들었어요. 결과적으로 여성으로서 깊은 얘기를 많이 나눴어요.

굉장히 다양한 프로그램들을 진행했는데 어떻게 실현 하실 수 있었나요?

심리 관련된 책부터 임상심리 서적까지 굉장히 많이 읽었어요. 이런 게 있었으면 좋겠다. 이런 방향이면 좋겠다는 게 많이 생겨났어요. 다만 제가 진행하기엔 무리가 있으니 전문상담사 분들을 뽑아서 진행했어요.

기억에 남는 프로그램이 있나요?

자조모임보다는 이런저런 활동을 할 수 있는 프

로그램들이 좋았어요. '버킷리스트 작성', '니에 게 24시간밖에 남아 있지 않다면' 같은 프로그램 은 사람들과 이야기할 때 재미있더라고요. '핑거 페인팅'도 재밌었어요. 내가 느끼는 감정과 감정 의 강도에 대해 체크하고 이야기를 나누니까 여 러 가지 이야기가 나왔어요. 또 우울 기록장이나 같이 여행가는 힐링캠프 같은 프로그램들도 기 억에 남아요.

조울증*을 갖고 있다고 하셨는데 언제부터였나요?

일단 우울증이 시작된 건 18살 때부터고요. 조울 증이라는 진단을 받은 건 26살이 되어서예요. 8 년 동안 저는 우울증인줄만 알고 살았는데 그게 아니었던 거죠. 제 인생에서 가끔 정말 에너지가 넘치고 희망적이고 내가 뭘 하면 다 이룰 수 있 을 것 같고 뭔가를 하지 않으면 못 참을 것 같은 때가 있었어요. 예를 들면 갑작스럽게 해외여행 을 아무한테도 말하지 않고 떠난다거나 하는 경 우들이요. 의사 분께서 조울증 2형인 것 같다고 진단을 내리고 약을 바꿔주셨어요. 그 약을 먹다 보니까 확실히 지금까지 먹었던 우울증 약들보 다는 도움이 되는 것 같다는 생각이 들었어요. 그래서 최근에는 상당히 안정적으로 지내고 있 는 것 같아요.

조울증 2형은 어떤 상태인가요?

1형은 조증이고요. 2형은 경조증이라고 해서 조 증보다는 약한 상태예요. 그래서 조울증 2형 같 은 경우는 조증처럼 크게 알아볼 수 있는 게 아 니라 '쟤 괜찮아졌네?' 이렇게 보이기도 한대요.

*양극성장애

조울증은 일반적으로 기분의 진폭이 크다고만 생 각하는데 어떤 어려움들이 있나요?

저 같은 경우에는 감정기복이 굉장히 심해서 이 렇게 얘기를 하고 즐겁게 있다가도 집에 혼자 있 으면 어느 순간 '죽고 싶다', '자해를 하고 싶다' 그런 생각이 들 때가 많고 그걸 실천하기도 해 요. 사실 경조증 상태가 저는 좋아요. 그때가 행 복감을 조금이라도 느낄 수 있는 때니까. 근데 그 시기에 무모한 짓을 많이 하고 과소비도 많이 해요. 그래서 그때가 지나면 내가 왜 그랬지 후 회하면서 더 힘들어지기도 하죠. 또 저는 경계성 인격장애를 같이 가지고 있어서 이 두 가지를 구 분하는 게 굉장히 힘들어요.

경계성 인격장애는 주변 사람들을 잃는다는 점에 서 굉장히 힘들어 보여요. 인간관계는 어떻게 관리 하셨나요?

꾸준히 유지를 잘 못했어요. 어느 순간 제가 끊 어버리거나 상대 쪽에서 끊어버리거나 했던 것 같아요. 누군가가 "나는 달라 나는 네 옆에 항상 있을 거야"라고 하면 그걸 못 믿고 계속 테스트 를 하는 거죠. 그래서 결국엔 지쳐서 떠나가게 만들고 '역시 난 글러먹었어' 그랬던 거 같아요.

20대 초반에는 서툰 감정 탓에 자기를 좋아하는 사 람들에게 가혹한 경향이 있는 것 같아요. 가장 힘들 었을 때는 언제였나요.

프로젝트를 같이 준비하는 친구가 있었어요. 그 친구와의 관계도 제 성향 때문에 파탄이 났죠.

계속 "너 나 떠날 거야, 안 떠날 거야?" 지치게 만들었어요. 제가 오르락내리락 해서 지치게 하기도 했고요. 계속 밀고 당기는 일을 반복하다보니 그렇게 된 것 같아요.

위기의 순간이 있었다면 언제인가요.

그 친구랑 관계가 끝나고 저 혼자 이걸 준비하면서 위기가 왔었어요. 자살 충동이 굉장히 심했었고 자해도 했었죠. 그래서 병원에 다시 입원을 했어요. 6월에 병원 입원해서 그때 거기서 조울증 판정을 받은 거죠. 그때는 제가 경조증 상태에 있었나 봐요. 그걸 믿질 않았어요. '내가 조울증일 리 없다', '내가 여기 있어봤자 도움이 되는 게 없다', '나가서 일을 해야겠다.' 해서 빨리 퇴원해버리고 일에 매달렸어요. 그러다 경조증 상태가 끝나고 에너지가 바닥을 치면서 우울증의 상태로 빠져버린 거죠.

우울 상태에서는 어떻게 빠져나오셨나요?

어떻게든 일을 벌려놨으니까 내가 여기서 그만두면 수습할 사람이 없는 거죠. 수습해야 하는데 다른 사람이 할 수는 없는 거고 사람들에게 보이기도 창피하고, 어떻게 해서든 내가 끝내야겠다. 그런 생각에 아무리 나가기 싫어도 나갔던 것 같아요.

조울증은 우울증이 심화되면 오는 증상으로 이야기하는데 우울함만을 느꼈을때와 조울증은 어떤 차이가 있나요?

우울증만 겪고 있었을 때는 죽고 싶다는 감정이 그렇게 격렬하지 않았던 것 같아요. 죽고 싶다는 마음은 있었지만 어림잡아 7 정도였다면 조울증 이후에는 11 정도. 정말 죽어야 할 것 같은 느낌이 들더라고요. 또 경조증일 때 일을 벌여놓고 우울증에 빠져들면 그 일이 버거워요. 그땐 모든 걸 포기하고 싶고 그래요. 가장 힘든 점이죠.

자살에 대해 계획할때도 있나요?

이미지만 떠올라요. 아파트 11층에 사는데 여기 베란다 열고 떨어지면 어떨까. 계속 그 이미지를 반복하고 충동이 너무 심해지면 저를 때려요. 그럼 그 생각이 조금은 사라져요. 정말 심했을 때는 사람들이 번개탄으로 자살하니까 나도 그걸로 자살해볼까 하는 생각도 했었고요. 근데 정말 실행을 해본 적은 없는 것 같아요. 살고 싶은 마음이 항상 있었던 것 같긴 해요.

반대로 살고 싶은 충동이 강하게 느껴질 때는 언제인가요?

경조증인 상태? 인생이 잘 풀릴 것 같다는 생각이 들어요. 내가 살고 있으면 언젠가 좋은 일이 일어날 것 같은 희망적인 생각이 들고 지금 당장 뭔가를 하고 싶고 내가 인생에서 뭔가를 이뤄내고 싶고. 그런 생각이 있죠. 경조증 상태일 때는.

조울증에 특정한 계기가 있었다고 생각하나요?

어렸을 때 가정환경이 가장 큰 영향을 끼친 것 같아요. 저는 모범생이었어요. 학교 갔다가 집

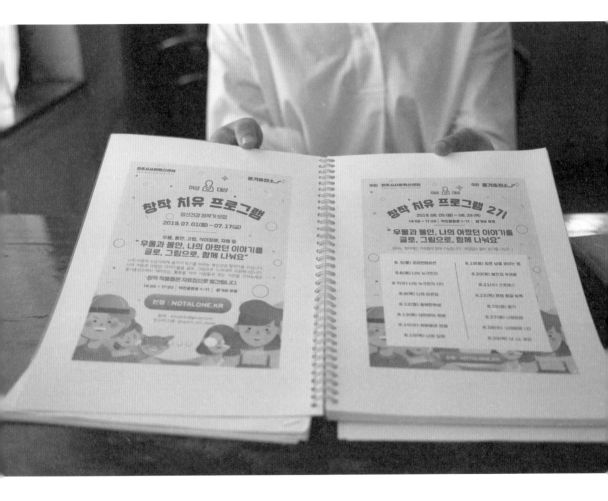

에 오면 갑자기 엄마가 사라져 있는 그런 상황들이 어렸을 때부터 많았어요. 엄마가 가출을 하시는 거죠. 아버지의 폭력 때문에요. 결국 제가 14살 때 이혼하셨어요. 그때부터 엄마랑 살다가 아빠랑 살다가 환경이 불안정했었어요. 그런 상황 때문에 계속 엄마에게 버림받는다고 느꼈던 것 같아요. 경계성 인격장애도 그래서 생긴 것 같고요. 제가 이렇게 아프고 우울하다는 걸 인정해주는 가족이 하나도 없었어요. "니가 무슨 우울증이야", "내가 더 우울해, 나도 힘들어" 그냥 그런 말들만 듣고 한 번도 인정을 받은 적이 없어요. 그러다가 모범생 생활도 하기 싫어져서 고등학교를 자퇴하고 폐인처럼 살았죠. 히키코모리로. 그러다 이렇게 살면 안 되겠다 해서 서울 가서 취업도 했었는데 또 우울증이 심해져서 전주로 내려오기도 했고요. 다시 절박해져서 호주로 워킹 홀리데이를 갔어요. 호주 갔다 와서는 괜찮았어요. 괜찮았는데 어느 순간 우울증이 생기고 되돌아오더라고요.

부모님의 가장 큰 문제는 뭐였나요?

아버지의 문제는 일단 가정폭력을 하셨다는 거예요. 어머니의 문제는 그걸 너무 참았다는 거고요. 가출하고 다시 돌아오고 가출하고 다시 돌아오고. 어렸을 때부터 빨리 이혼해 버렸으면 좋겠다고 생각을 많이 했던 거 같아요. 그리고 엄마가 저한테 하면 안 되는 얘기들을 너무 많이 했어요. 아빠는 그래도 저한테 잘 해주셨는데 엄마의 얘기를 들으니까 도저히 아빠를 아빠로 사랑할 수 없는 거예요. 그런 부분에서 엄마한테 원망이 조금 들어요. 엄마가 얼마나 힘들었으면 그런 걸 저한테 말했을까 그런 생각도 들고요.

현재 조울증은 어떤가요. 많이 나아졌나요?

약을 먹으면서 전보다 많이 나아진 것 같아요. 지금 항우울제랑 기분조절제를 먹고 있는데. 확실히 뭔가 감정이 파도치던 변덕스러운 감정에서 이제 조금 안정적으로 변한 것 같아요. 죽고 싶다는 생각도 많이 안 들고 컨트롤할 수 있는 상태까지 온 것 같아요.

용기충전소를 진행하면서 인상적인 에피소드가 있으신가요?

사람들이 여기 와서 같이 활동을 하다가 어느 순간 눈물을 흘릴 때가 있어요. 그때가 가장 감동이고 행복했던 거 같아요. 이 사람들이 여기 와서 자기 얘기를 솔직하게 해도 된다고 생각하게 만들었구나. 그래도 조금이나마 다른 사람들을 편하게 했구나. 하는 생각이 들어서요. 그런 게 가장 기억에 남아요.

최근 가장 좋았던 때는 언제인가요?

프로젝트에 참가하신 분들이 "이걸 해줘서 너무 고맙다" 말을 해줬을 때, 또 이게 사기에 도움이 됐다고 말해줄 때 가장 좋았던 것 같아요. '힘들어도 포기하지 않아서 다행이다' 하는 생각도 하게 됐고요. Ⓜ

'아무'가 슬픔을 말하는 방식

The Way "Someone" Expresses Sadness

리온

어두운 터널 속을 걸어가는 것 같은 시간이 있다. 그땐 터널 밖에서 외치는 소리가 들리지 않는다. 터널의 끝이 어디쯤 있는지 가늠하기 어려운 순간, 한 걸음을 내딛게 하는 건 누군가의 응원이 아니다. 내 옆에서 함께 걷는 묵묵한 발걸음이, 나도 이 어둠이 두렵다고 고백하는 목소리가 웅크린 몸과 마음을 펴게 한다. 우울은 이상한 게 아니라 평범한 거라고 말하는 리온(lyon)은 모두가 지나가는 터널의 시간을 그림으로 보여 준다. 리온의 그림 속 '아무'는 아무 표정도 없고, 아무 손짓도 하지 않는다. 그저 나도 터널 속에 있다고 말하며 우리를 위로한다.

한국화 객원 에디터

MELANCHOLIA

간단하게 자기소개 부탁합니다.

저는 평범한 우울을 그리는 리온이예요. 인스타그램 아이디 lyon을 어떻게 읽어야 하는지 물어보는 분들이 많더라고요. 리온이라고 불러주시면 됩니다.

'평범한 우울'은 어떤 의미인가요?

모든 사람이 우울함을 느낀다고 생각해요. 때에 따라서, 시기에 따라서 다르지만요. 그래서 우울한 감정은 특이하거나 이상한 게 아니라 평범하다는 의미에서 평범한 우울을 그린다고 말하고 싶어요.

캐릭터 '아무'가 평범한 우울을 잘 나타내는 것 같아요. '아무'를 소개해주세요.

'아무'는 팔도 없고 표정도 없어요. 저는 그림을 통해 그 순간을 표현하기보다는 조금 더 긴 시간의 감정이나 표정, 변화, 행동 등을 담고 싶었어요. 그러니까 '아무'는 사실 액자인 셈이에요. 최소한의 틀 같은 거죠. 사람들이 아무런 표정이 없는 '아무'를 보면서 자신의 표정을 발견하고 팔이 없는 '아무'에게서 자신의 행동을 상상해 봤으면 좋겠다고 생각했어요.

왜 이름을 '아무'라고 지었나요?

처음에 '아무'는 아무 이름도 없었습니다(웃음). 좀 심오한 뜻으로 캐릭터를 만들었는데, 많은 분들이 귀엽게 봐주시더라고요. 이름이 뭐냐고 물어보는 분들도 계시고요. 그래서 여러 사람에게 물어보기도 하고 댓글로 공모를 받기도 했어요. 그중에 '아무'라는 이름이 제일 잘 어울리는 것 같았어요. '아무나'가 될 수도 있고 '아무도'가 될 수도 있고. 누군가를 특정하지 않은 이름이니까. 제 그림도 어떤 한 사람의 한 순간이 아닌 여러 사람의 이야기를 담을 수 있지 않을까 싶기도 했고요.

우울을 주제로 그림을 그리는 이유가 무엇인가요?

자기가 겪는 것을 다른 사람도 겪는다는 사실만으로도 많은 사람들이 상당히 안도감을 느낀다고 생각해요. 같은 아픔을 가진 사람들이 서로 만날 때 위안을 얻잖아요. 그림을 통해 비슷한 순간을 경험한 사람들끼리 감정을 공유하고 위로 없는 위로를 받았으면 좋겠다고 생각해서 우울을 주제로 그리게 되었습니다.

리온님도 우울증을 겪어보신 건가요?

아주 심각했던 건 아니에요. 하지만 우울증을 겪었던 건 맞는 것 같아요. 한 4년 정도? 약도 조금 먹었고요. 그때의 기억이나 생각을 가져와서 그리는 거예요. 많은 분들이 위로를 건네기도 하시고 괜찮은지 물어보기도 하시는데 지금은 괜찮아요.

어떻게 괜찮아질 수 있었나요?

약이 효과가 좋았어요. 어느 정도의 우울감은 사람들과 얘기해서 해결되기도 하지만 어느 순간부터는 심리학적인 문제보다 생리학적 문제로 넘어가는 경우가 있잖아요. 예를 들어서 팔에 경련이 일어나는 건 마인드컨트롤로 막을 수 없는 거죠. 뇌도 아프기 시작했다고 생각하고 빨리 병원을 찾아가는 게 좋은 것 같아요.

리온님은 우울증을 빨리 인식하고 병원에 갔나요?

저는 우울증을 금방 인정했지만 부모님이 병원에 가는 걸 많이 반대하셨어요. 아무래도 우울증에 대한 시선이 좋지 않잖아요. 끊임없이 부모님을 설득했어요. 병원에 다녀오고 나서 확실하게 효과가 있었죠.

우울했을 때 그림을 그린 건가요?

많이 그린 건 아니에요. 우울했을 때보다는 오히려 우울을 좀 벗어나면서 예전에 그림 그렸던 게 생각나서 더 많이 그리기 시작했어요.

DON'T LEAVE ME ALONE

– HOPE YOU HAVE A GOOD DREAM

오늘은 슬픔이 넘쳐흘렀어.

-그만.

- 그렇게 어른이 됐다.

- 따뜻했던 주머니 속 네가 날 다시 안아주기를.

- 제발, 이 꿈에서 깨어나지 않기를.

최근에 그렸던 그림 중에 가장 기억에 남는 그림은요?

'나 아직 잘 지내고 있어요' 그림이요. 크게 슬프거나 화내거나 속상해 하지 않을 때 오히려 더 슬픔을 잘 표현하는 것 같아서요. 저는 과격하거나 욕을 하는 방식을 격한 감정을 표현하는 것보다는 시를 쓰는 것처럼 그림을 그리려고 해요. 헤밍웨이가 단어 6개로 자신을 울릴 만한 단편소설을 써 보라는 말에 '팝니다: 아기 신발. 한 번도 신지 않은(For sale: Baby shoes, never worn)'이라는 글을 썼다고 하잖아요. 절제되었기 때문에 슬픔을 더 잘 표현한다고 생각해요.

최근에 DM으로 고민 상담을 시작하셨더라고요. 어떻게 하게 됐나요?

처음에 몇 분이 저한테 고민 상담을 하셨어요. 도움이 될 수 있다면 좋겠다는 생각에 프로필에 고민 상담 한다고 썼는데요. 지금까지 스무 분 정도 DM을 주셨어요. 제가 전문 상담가도 아니고,

대단한 사람도 아니라서 그냥 이야기를 들어 드릴 뿐이지만 힘이 난다고, 도움이 되었다고 하시는 분들이 계셔서 감사하죠.

앞으로 어떤 그림을 그리고 싶으세요?

솔직히 잘 모르겠어요. 그리는 것 자체는 별로 어렵지 않은데 팔 없이, 표정 없이 어떤 감정을 표현하려고 하면 힘들더라고요. 생각하는 데까지 시간이 걸려서, 제가 표현할 수 있는 걸 다 표현하면 '아무'의 이야기가 끝날 수도 있지 않을까 생각하기도 해요. 한 가지 계획이 있다면 책을 내 보고 싶어요. 제 그림으로만 된 책이요.

우울증을 겪는 분들에게 메시지를 전한다면 어떤 내용일까요?

저는 조금 쉬라고 말하고 싶어요. 막상 모든 걸 내려놓고 쉬어도 제가 걱정했던 것만큼 세상이 크게 달라지지 않더라고요. 쉰다는 건 자기 자신에게 너무 엄격하지 않게 대하는 것이라고 생각해요. 이겨내야 한다거나 이것쯤은 별 것 아니어야 한다는 잣대로 자신을 대하지 않았으면 좋겠어요.

마지막으로 하고 싶은 말이 있나요?

이렇게 많은 분들이 좋아해 주실 줄 몰랐어요. 제 그림을 좋아해 주시는 분들께 감사드린다고 꼭 말씀드리고 싶어요. Ⓜ

선택 앞에서 두려워하지 않는 방법,

'이러지도 저러지도 못하는 당신에게' 강주원 작가

How to Stop Being Scared of Making Decisions: To You Who Just Can't Make the Decision

강주원의 책들을 읽으며 소설 '모비딕'이 떠올랐다. 무슨 이유가 있어서 그랬던 건 아니다. 그저 바다를 항해하는 키잡이가 떠올랐을 뿐이다. '모비딕'은 오히려 지금을 살아가는 청춘들과 관련이 있다. 정답 같은 삶을 살기위해 사투하는 여기의 청춘들은 흰고래에게 다리를 잃고 복수에 나서는 주인공 에이햅 선장의 사투만큼이나 치열하고 또 요원해 보인다. 그래서 강주원의 말들은 살아남은 자의 말처럼 들렸다. 3년 간 5번의 퇴사라는 독특한 이력도 유능의 일부로 보였다. 청년들이 고민을 나누는 공간인 '꿈톡'을 5년 간 운영한 것도, 물물교환 프로젝트를 통해 책 한 권에서 카페 운영권과 공간을 만들어 낸 것도 마찬가지다. '이러지도 저러지도 못하는 당신에게'는 교보문고 시/에세이 부문 베스트셀러 7위에 올랐다.

강주원 작가와 선택에 관해 인터뷰를 나누다가 여러 번 놀랐다. 과거 퇴사의 이유는 "행복하지 않을 것 같아서"이고 '꿈톡' 운영을 지속하고 출판사 '비소로'를 만들고 에세이 쓰기를 시작한 이유는 "재밌어서"다. 그렇다고 쉽게 선택을 했던 건 아니다. 인생을 바꿀 수 있는 선택을 과감하게 할 수 있었던 건 책임에 대한 마음이 확고해서이며 애초에 '잘못된 선택'이 존재하지 않는다는 생각 때문이다. 선택 자체에는 윤리적 판단이 없고 좋고 나쁨이 없다. 결과를 책임질 수만 있다면 모든 선택이 자유다. 그래서 두려워하지 않아도 된다. 머물러 있든 떠나든 나 자신을 떠맡아야 한다는 점에는 다름이 없기 때문이다.

간단한 자기소개를 부탁합니다.

비로소 출판사라는 1인 출판사를 운영하고 있는 강주원이라고 합니다. 누군가는 저를 작가라고 부르는데 아직까지 작가라는 호칭은 굉장히 어색하게 느껴지고요. 그보다 5년 전부터 꿈톡이라는 단체를 운영해왔어요. 청년들끼리 고민을 소통하는 장을 만들어 나가는 단체라고 생각하시면 되는데, 몇 주 전에 비영리 민간단체로 등록을 했습니다. 보통 꿈톡 수장이라고 많이 불러요. 그게 저에게 제일 잘 어울리는 타이틀이 아닐까 합니다.

최근 출간한 에세이 '이러지도 저러지도 못하는 당신에게'가 베스트셀러가 됐는데요. 기분이 어떤가요?

저번 주에 10위에 올랐을 때는 잘 안 믿겼어요. 이번 주에는 7위에 올랐어요. 막상 별다른 느낌

은 없어요. 출판사 대표로서 제 목표는 만 부를 판매하자는 거였거든요. 근데 만 부를 팔아도 별 느낌 없을 것 같아요. '대박이다', '기분이 너무 좋다' 이런 것 보다 그냥 좀 신기한 것 같아요. 제 책을 많은 분들이 찾아주시고 후기를 남겨주시는 것 자체가 신기한 거죠.

'틀린 삶이 어딨어'에서 작가님이 경제적으로 또 여러모로 굉장히 힘들었던 시기가 나오는데요. 오래 고생하고 얻은 성과라 감흥이 남다를 거라 생각했어요.

사실 크게 달라진 게 없어요. '가볍지만 가볍지 않은'을 출간할 때도 돈이 없었어요. 인쇄비만 있었고 홍보비도 없어서 유일하게 SNS로만 홍보를 했어요. 그때 번 돈으로 지금 광고비나 다른 비용들을 감당하고 있거든요. 지금도 돈이 엄청 많아지거나 삶이 바뀌었다거나 그런 게 전혀 없어서 예전이랑 큰 차이가 없는 것 같아요. 지금도 쉬운 건 없어요. 카페 운영권을 받아서 3년 간 운영할 때도 힘들었고 출판사를 시작할 때도 굉장히 힘들게 했던 것 같아요. 사실 제일 즐겁고 확신에 차 있었을 때는 29살 청원경찰을 했을 때에요. 꿈톡을 막 성장시켜 나가는 기쁨이 있었고 많이 절박하기도 했고요. 지금은 매일매일 정신없이 책 얼마나 나갔나 확인하고 어떻게 하면 더 알릴 수 있을까 생각하다 보니 체감이 없어요.

전작 '가볍지만 가볍지 않은'에 이어 길지 않은 에세이들을 써오고 있는데 특별한 이유가 있나요?

작가는 독자에 대한 배려를 해야 한다고 봐요. 게다가 저는 출판사를 하고 있잖아요. 내가 어

떤 글을 쓰고 싶을까도 중요한데, 독자들에게 어떻게 내 메시지를 전달할까 고민하게 돼요. 인스타에서 제가 하고 싶은 말을 다 못 담으려도 카드뉴스 식으로 독자들이 원하는 정도로 하니까 반응도 좋고 해서 책도 같은 방식으로 내게 된 것 같아요. 확실히 그게 맞는 것 같다는 생각을 최근에 하고 있어요. 제 책 뿐만이 아니라 다른 에세이 분야의 책들을 보면 그런 책들이 많이 읽히니까요. 다만 짧게 적더라도 이 짧은 글을 보고 독자 분들이 조금이라도 생각해볼 수 있는 지점이 있으면 좋겠다는 생각을 했어요. '가볍지만 가볍지 않은'은 출판사 슬로건이기도 한데, 무게는 가벼운 책을 내지만 내용은 가볍지 않았으면 좋겠다는 의미에서 정한 거예요.

이번 에세이집에는 선택에 대한 이야기를 담으셨는데 작가님이 겪은 가장 어려운 선택과 가장 쉬운 선택은 무엇이었는지 궁금합니다.

뭐든 처음 하는 선택들이 가장 어려웠던 것 같아요. 첫 번째 퇴사를 했을 때도 그랬고, 27살

때 장롱면허를 꺼내서 운전을 다시 시작했는데 그때도 사고날까봐 굉장히 어려웠어요. 군대 가기 전에 일본여행을 갔을 때는 비행기를 처음 타서 너무 어려웠던 기억이 있어요. 처음 서울 올라왔을 때도 두려웠고요. 그런 처음 하는 선택은 다 저한테 어렵게 다가왔던 것 같아요. 근데 그게 반복되면 될수록 너무 익숙해지고 편안해지고 쉬운 선택이 되는 것 같아요. 운전도 지금은 노래 부르면서 편하게 할 수 있는 정도가 됐고, 비행기도 몇 번 나가보니까 너무나 편안한 공간이 됐어요. 번지점프로 그랬고요. 남들이 볼 때는 과감하고 도전적으로 보이는 선택이라도 누군가는 그걸 반복하다보니 굉장히 쉬운 선택이 되는 거죠.

책에서 퇴사에 대한 이야기가 굉장히 자주 나오는데요. 작가님이 처음 대기업에서 퇴사하게 된 계기가 궁금합니다.

그때 제가 화장품 회사를 들어갔는데 운 좋게 들어갔어요. 영업관리직이 뭔지도 모르고 들어가서 사실은 확신이 없었어요. 내가 왜 취업을

해야 하는지, 내가 왜 화장품 회사를 가서 영업 관리직을 해야 하는지, 그런 이유에 대한 답이 하나도 만들어지지 않은 상태에서 들어갔거든요. 채용연계형 인턴이라 3개월 하고 최종면접 보고 정직원 되는 과정이었어요. 들어갈 당시에는 90% 정도 합격하는 걸로 알고 있었는데 막상은 절반만 합격한다는 얘기를 들었고 그때부터 이게 뭔가 하는 생각을 했었죠. 동기들은 50% 안에 들어가려고 굉장히 많은 노력을 할 거 아니에요. 그 사이에서 혼자 방황을 했던 것 같아요. '내가 여기서 뭘 하고 있는 걸까', '만약에 내가 경쟁에서 50% 안에 들어서 정직원이 된다한들 행복할 수 있을까?' 아무리 질문을 해도 안 되겠는 거예요. 제 주변 선배들의 생활패턴을 봐도, 임원들을 봐도 안 그럴 것 같고, 사실 퇴사를 꼭 해야겠다는 이유는 없었거든요.

근데 내가 이 회사를 다녀야 하는 이유는 정말 없었어요. 돈 벌기 위해서가 아니면 할 거 없으니까 이게 전부였던 것 같은데 '이 상태로 회사를 다녀봐야 답이 없겠구나' 그런 생각으로 2개월 만에 그냥 나왔던 것 같아요.

꿈톡의 공간을 마련하기 위해 물물교환을 진행하셨다는 게 굉장히 인상적입니다. 어쩌면 허황된 이야기로 들릴 수 있는데 어떻게 시작하게 되셨나요?

그냥 재밌겠다는 생각에서 시작한 거예요. '언제 그만둘지 모른다' 이런 생각보다는 '재밌으니까 일단 해보자', '10년이 걸려도 언젠가는 될 수밖에 없다'라고 생각해서 했어요. 하면서 이거 망했다는 생각도 많이 했죠. 특히 마지막에 시계로 바꾸고 나서 한 5, 6개월 동안 교환이 한 번도 안 됐을 때. 그때 선도 찾아가고 광화문에서 찌라시도 뿌려보고 피자 체인 회사에 제안서도 넣어보고 했는데 잘 안 됐어요. 결국엔 마지막에 아는 형님분이 시계를 자기가 갖고 레이지엔트 공간의 운영권을 준다고 해서 성공했지만 교환이라기보다는 선심 쓴 느낌이 강하죠. 그 형님이 당시에 힘들어서 레이지엔트 카페를 접어야할지 고민을 많이 했대요. 근데 제가 거기서 꿈톡 토크쇼를 한 달에 한 번씩 계속하니까 '얘들한테 넘겨주면 말아먹진 않겠다' 생각을 했었대요.

결과적으로 공간이 생겼다는 점에서 엄청난 일인 것 같아요.

그렇죠. 근데 마무리 되지 않았어도 크게 삶이 달라지진 않았을 거예요. 저희가 이거 하다가 그만뒀으면 다들 욕했겠죠. 청원경찰 하면서 정신 못 차렸다고. "그만둘 거라고 내가 얘기했잖아" 이런 식으로요. 근데 저는 그래도 상관없었을 것 같아요. 이걸 시작하게 된 진짜 이유는 '재밌겠다'라는 생각이었으니까요. 이루지 못했어도 제 삶에 크게 달라지는 건 없지 않을까.

일반적으로 완전히 새로운 일을 시도하는 것을 패배나 도피라고 생각하는 관습이 있는 것 같습니다. 반대로 작가님은 사람들에게 자신의 선택을 믿으라고 이야기하는데 어떤 점에서 그렇게 생각하나요?

한국이 특히 심한 건 맞는 것 같아요. 우리나라에서는 벽돌공이나 수리공이 꿈이라고 하면 패배자 취급하잖아요. 그게 하나의 개성이고 자유인데 너무 사회적 틀 안에 가두려는 게 있어요. 사회에서 바라보기에 조금 다른 길이다라고 하면 '그건 잘못된 길이다' 하고 단정짓잖아요. 저는 책에서 계속 '틀린 선택은 없다'라고 얘기했어요. 그 이유는 진짜 틀린 선택은 없다고 생각하기 때문이거든요. 예를 들어 인생을 시험지로 보자면 시험 출제자도 타인이고 채점도 타인이 매기잖아요. 하지만 실제로는 질문을 던지는 주체도 나 자신이고 답을 적는 것도 나고 마지막에 채점을 매기는 것도 나라고 생각을 해요. 제가 만약에 스스로에게 어떻게 하면 행복할 수 있을까라는 질문을 던졌어요. 답을 '나는 떼돈 벌 거야', '그러면 행복할 수 있을 거 같아'라고 한다면, 주변에서는 욕을 할 수 있어요. 근데 저는 마지막에 내가 이 답에 대한 채점을 매길 때 '나는 이렇게 살면 맞어'라고 동그라미를 칠 수 있다면 그렇게 살면 된다고 생각하거든요.

또 나중에 질문을 다시 던질 수도 있어요. '그래 너가 돈 많이 벌어봤더니 행복해?', '지금에 있어서 너한테 행복이 뭐라고 생각해'하면 거기에 대해서 다시 답을 할 수 있는 거고, '나 돈은 좀 아닌 것 같고 언제든지 자유롭게 선택하는 삶을 살아야 할 것 같아'라고 하면 또 그렇게 살아가면 되는 거예요. 그때가면 사람들은 손가락질 할 거란 말이에요. '너 돈 좀 번다고 나대더니 지금은 아닌가보네'. 언제든지 내가 내리는 답에 대해서 응원해 주는 사람은 소수에요. 그러니까 남들이 하는 채점에 흔들리지 않고 내가 답을 내리고 내가 맞다고 생각하면 그게 답인 것 같아요. 사람들은 항상 걱정하잖아요. 내가 내린 선택의 결과가 잘못되면 후회하지 않겠냐. 선택을 마음대로 해도 되냐. 근데 내가 원하는 대로 결과가 나오지 않는다고 해도 그

걸 떠안을 사람은 자기 자신이잖아요. 그걸 떠안고 나서 또 다른 선택을 하면 되는 거예요. 그걸 후회하거나 '망했다', '내가 왜 그랬을까' 이게 아니라. 결과는 내가 좌지우지할 수 없는 부분도 작용하기 때문에 어차피 선택은 내가 해야 하고 결과에 대한 책임도 내가 온전히 져야 한다면 그냥 내가 선택하고 책임지고 또 다른 선택을 하고 이렇게 생각하면 너무 심플하잖아요. 그렇게 살면 되는 게 아닌가 생각을 하고 있어요.

만약에 어떤 선택을 했는데 씻을 수 없는 트라우마를 겪었다면 굉장히 큰 두려움이 생길 수 있잖아요. 다시 자유롭게 선택하고자 한다면 어떻게 극복해

야 할까요?

제가 관심을 많이 갖고 있는 철학이 실존주의 철학이에요. 거기서 말하는 걸 보면 '인간은 자유로운 존재다'라고 하는데 '인간은 자유롭지 않을 수가 없다'고 전제를 깔고 가요. 그리고 그 자유가 '우리가 원하는 걸 이렇게 할 거야'라기보다는 내가 언제든지 선택을 할 수밖에 없는 존재라는 거예요. 진로든 태도든 모든 것에서요. 예시가 굉장히 많이 나오는데 민감한 주제도 종종 나와요. 예를 들어 제가 교통사고가 나서 하반신이 불구가 됐어요. 그래도 저한테는 선택할 수 있는 게 아마 있을 거예요. 거기서 '망했다, 나는 장애인이야'라고 절망하고 살거나 혹은 그럼에도 불구하고 '다리는 쓰지 못하지만 더 긍정적으로 주체적으로 살아갈 거야' 선택을 할 수 있다고 얘기를 하거든요.

그러면서 크리스토퍼 리브라는 슈퍼맨 역할을 맡았던 배우가 예시로 나와요. 낙마해서 전신마비가 됐잖아요. 그런데도 재단을 만들어서 마비 환자들 돕고 누구보다 슈퍼맨처럼 살았잖아요. 우리는 그런 태도의 선택도 할 수 있다고 하는데 불가능하다고 생각하는 사람도 많아요. 그런데 내가 할 수 없다고 부정을 해버리면 내 인생을 부정할 수밖에 없는 상황이 돼버리는 것 같아요. 저한테는 그렇게까지 치명적으로 부정적인 상황은 없었다고 생각을 해요. 근데 항상 생각하는 것 같아요. 만약에 그런 상황이 되더라도 '나는 이런 선택을 하고 싶다'라고요.

정말 어려운 일이라는 건 알고 있어요. 제가 저 자소개로 항상 똑같은 걸 써 넣어요. '내 마음대로 선택하고 온전히 책임지며 살아가고 싶지만 그게 쉽지 않음을 매일 깨달으며 살아가는 사람'이라고요. 그래도 최대한 그런 삶을 살려고 노력하면서 사는 것 같아요.

스스로 생각할 때 명백히 잘못된 선택을 했다면 혹은 그렇게 느낀다면 그때는 어떻게 다시 일어날 수 있을까요?

저는 잘못된 선택이라는 것 자체가 없다고 생각해요. 그런 말 많이 하잖아요. 자유의 범위는 어디까지인가 할 때, 잘못된 선택을 하면 벌을 받아야 되는 게 맞다고. 저는 이 질문에서 잘못된 선택이라는 단어 자체가 없어져야 한다고 봐요. 왜냐면 잘못된 선택이라는 게 어떻게 보면 사회에서 규정된 객관식이에요. '너 1번, 2번, 3번 중에 뭐 택할래', '답은 3번이야' 이런 거

죠. 근데 살아가는 건 객관식이 아니라 주관식이잖아요. 그렇게 생각하면 '잘못된 선택이라는 게 없다'라고 생각하는 연습을 계속 해야 하지 않나 생각해요.

정말 자기가 한 선택을 후회하고 잘못했다고 생각이 들 수도 있어요. 그거 때문에 너무 힘들다거나 너무 고통스럽다거나 하면 같은 선택을 한 사람들과 이야기를 많이 나누는 게 중요한 것 같아요. 제가 꿈톡을 하면서 가장 큰 기쁨을 얻는 경우도 그래요. 힘든 친구들이 엄청 많아요. 우울증, 자살시도, 트라우마. 그런 친구들이 그 공간에 와서 '비슷한 고민을 하는 사람이 이렇게나 많이 있구나', '내가 혼자 이러는 게 아니구나'라는 걸 깨달으면 굉장히 위로를 많이 받는다고 얘기를 해요. 고맙다고 할 때가 많아요. 그런 사람들을 찾아가면서 그 안에서 대화를 많이 나누는 게 중요하지 않을까 생각을 해요.

작가님은 순간순간마다 자신의 삶의 방향을 빠르고 분명하게 선택 하신 것 같아요. 선택 앞에서 머뭇거리지 않는 자신만의 방법이 있나요?

보기엔 그렇지만 실제로는 아니었어요. 제가 퇴사하고 한 일들을 보면 계속 방황을 했어요. 화장품 회사 퇴사하고 아무 생각 없이 지냈어요. 그러다가 학교 교수님이 인턴 연구원 잠깐 하라고 해서 했는데 말이 연구원이지 알바에요. 그거 하다가 불안한 거예요. 이러고 있을 때가 아닌 것 같은데 해서 들어간 데가 제약회사고 2개월 만에 퇴사했어요. 그때 정신과를 가보지는 않았지만 가장 우울증과 비슷한 상황을 겪지 않았나 생각해요. 퇴사하고 나서도 너무 고민이 많으니까 온라인에서 꿈다방이라는 모

임을 만들어서 그냥 그거 했어요. 사람들 만나서 고민 얘기 나누고, 그러다가 청소년 진로교육 단체에서 잠깐 일했었고요. 제가 생각한 거랑 너무 다른 것 같아서 또 3개월 만에 그만뒀어요.

그러고 나서 어쩌다가 꿈톡이란 걸 하게 됐는데 너무 재밌는 거예요. 그래서 매달 계속 하게된 거죠. 근데 꿈톡이 수익을 가져다 줄 수 있는 직업은 아니니까 직업적인 부분에서는 아직도 고민 중이에요. 1인 출판사를 하게 된 건 꿈톡이랑 비슷하고 일처럼 느껴지지 않아서였어요. 이걸 직업적으로 하면 좋겠다라는 생각을 '가볍지만 가볍지 않은'을 내고 처음으로 한 것 같아요. 이제 조금 찾은 것 같기도 한데 또 모르죠. 남들이 보기에는 꿈톡을 계속 끌고 나가니까 뭔가 뚝심 있게 흔들리지 않고 가는구나 생

각하지만 그 과정에서 방황을 하고 있는 거예요. 꿈톡은 그냥 그만둘 수가 없는, 이게 없으면 내 삶의 의미가 없는 거라 너무 재밌어서 하는거고요.

취업·퇴사나 창업 등 청년들의 고민은 때로는 지연 전략같이 보이기도 합니다. 어떤 선택도 하지 않고 유보함으로써 자신에게 휴식을 주려는 방편이라면 이 역시 의미가 있다고 할 수 있을까요?

저는 휴학이나 퇴사도 하나의 선택이라고 생각해요. 어떤 선택도 하지 않고 유보한다는 건 다른 상황인 것 같아요. 예를 들어서 회사에 들어갔는데 너무 다니기 싫은 거예요. '나는 여기 있을 사람이 아니야' 라고 생각을 하면서도 내가 퇴사를 할지 아니면 회사를 다닐지 둘 다 어떤

것도 선택하지 않는 게 유보의 예시로 적합한 것 같아요. 둘 중 하나면 돼요. 회사를 다니든지, 퇴사를 하든지. 실존주의에서는 자기기만이라는 용어를 써요. 어떤 선택도 하지 않고 그 사이에만 있는 거예요. 근데 만약에 휴학이나 휴가같이 쉰다는 선택을 하면 누군가는 겁나서 유보하는 거 아니냐 하는데 이것도 잘못된 인식이죠. 우리가 생산성 높은 기계를 만드는 사회에 너무 익숙해져서 인간을 그렇게 바라보니까요. 인간이 그런 기계는 아니라고 생각하거든요. 쉬면서 내 인생에 대해 돌아보거나 미래에 대해 생각하거나 내 현재를 온전히 즐길 수 있거나 이런 상태가 주어진다면 휴식만큼 좋은 게 어디 있겠어요.

만약에 강한 믿음이 미래를 만든다는 말에 동의하신다면, 그 믿음의 능력은 어떻게 만들어낼 수 있을까요?

확신을 가지기까지의 과정이 어려워요. 어쩔 수 없는 것 같아요. 계속 선택하고 책임지고 선택하고 책임지고 반복하다보면 내가 선택할 수 있는 힘이 커지고 책임질 수 있는 힘도 커지는 것 같아요. 또 결과를 책임질 수 있는 범위가 넓어질수록 선택이 쉬워지고요. 그걸 스스로 계속 하는 것도 중요한데 내 선택을 믿어주는 사람과 함께 하는 게 정말 중요한 것 같아요. 꿈틀이서에는 그런 존재거두요. 제기 물물교환을 하겠다고 했을 때 멤버들이 "재밌겠다, 해보자" 하지 않았으면 못했을 거예요. 만약 결과가 안 좋았더라도 같이 책임져 줄 수 있는 멤버들이 있었기 때문에 가능했던 거 같아요. 옆에서 자꾸 반대하는 사람이 있으면 자기도 믿음이 생길 수가 없어요. 사람이 혼자 사는 존재가 아니기 때문에. 근데 옆에서 '할 수 있어, 될 거야', '무조건 돼' 그런 사람들이 있으면 정말 그렇게 믿어지는 것 같아요.

혹시 지금 고민하고 있는 선택이 있나요?

출판사 운영하면서 돈이 나갈 때마다 고민이 들어요. 이번 책은 순수익 생각하지 말고 최대한 많은 사람들 손에 닿게 하는 게 목표라고 생각하지만 말도 안 되는 비용이 나가는 때가 있어요. 주로 광고할 때요. 그래서 요즘 저는 지출을 사이버머니 같은 거다 합리화하고 있어요. 이 서점에서만 쓸 수 있는 도토리다 생각하는 거죠. '어차피 출금 못하니까 여기다 다시 돌려준다고 생각을 하자'. 특별히 지금 삶의 근원적인 고민을 하거나 하진 않아요.

고민하고 있는 청춘에게 전해주고 싶은 말이 있다면 무엇인가요?

자신이 선택하고 책임지는 삶을 살았으면 좋겠다라는 것밖에 없는 것 같아요. 분명히 주변에서 모두 내가 틀렸다고 말할 수도 있어요. 근데 내가 하는 선택에 대한 판단이나 평가는 내가 하는 거지 상대가 하는 게 절대 아니라는 것. 그렇다면 '내가 옳다'라는 생각을 했을 때는 그걸 했으면 좋겠어요. 나중에 결과가 주어지면 내가 선택한 거니까 내가 온전히 짊어지고 또 다른 선택을 해나가면 되니까. 그렇게 선택하고 책임지는 걸 반복했으면 좋겠어요. Ⓜ

Around.

우리의 선택

뇌는 일단 결정하고 나면 그 방향으로 움직인다. 행동 모드로 바뀌고 나면 망설임은 도리어 줄어든다. 목적 지향적 행동으로 전환되기 때문이다. 전두엽과 변연계 사이의 힘겨루기는 줄어들고 균형이 이루어지면서 새로 들어오는 정보를 차단한다. 문을 닫아 버리고, 이후부터 '막차 타고 들어오는' 정보는 무시하고, 방향이 옳든 그르든 지시된 방향과 목표를 향해 직진하고, 원하는 것을 얻는 데에만 집중하도록 뇌가 세팅된다.

97p, 고민이 고민입니다. 하지현 지음, 인플루엔셜

감사가 주는 아주 강력한 효과 중 하나는 세로토닌을 증진한다는 것이다. 감사해야 할 것들을 생각해 내다 보면 자기 삶의 긍정적 측면에 초점을 맞출 수밖에 없다. 이 단순한 행동이 전방대상피질에서 세로토닌의 생성을 늘린다. 이 점을 밝힌 연구자들은 슬픈 사건을 기억할 때 전방대상피질에서 세로토닌 생성이 감소한다는 사실도 알아냈다. 그러므로 좋은 일을 기억하면 이중의 효과를 얻을 수 있다. 직접적으로 세로토닌을 증가시키고, 간접적으로는 나쁜 일을 기억하지 않게 막아주는 것이다.

245p, 우울할 땐 뇌과학, 앨릭스 코브 지음, 정지인 옮김, 심심

한 연구에서는 다음과 같은 결과가 나왔다. 즉 유난히 자주 생각에 빠지느라 하던 일을 제대로 안 하는 사람은, 다른 생각을 좀처럼 하지 않는 사람보다 훨씬 자기가 불행하다고 느끼는 경향이 뚜렷하다. 백일몽에 빠져 이리저리 돌아다니는 일은, 단조롭기 짝이 없는 직장 업무를 하는 것이나 정처 없이 인터넷을 서핑하는 것과 마찬가지로 전혀 만족스럽지 못한 체험으로 다가온다.

백일몽으로부터 불만을 느끼는 이유는 백일몽으로 인해 일을 제대로 하지 못하게 되어 목표 달성에 방해가 되기 때문이다. 생각에 푹 빠지면 시험공부를 집중적으로 하지 못하고 원래 해야 할 공부를 제대로 하지 못하게 되어 시험을 성공적으로 치르기가 위태로워져 좌절을 겪게 된다. 그래서 백일몽은 힘겨운 일상에서 원기를 회복하는 데 도움이 되는 휴식이 아니라 불안과 혼란이 발생하는 진앙지 노릇을 할 때도 있다. 혹은 선불교에서 자주 말하듯이 '메뚜기처럼 이리저리 튀는 정신' 즉 생각이 지그재그 방향으로 허우적거리도록 조장해 일상사를 효과적으로 마치는 데 커다란 방해가 된다.

125p, 머리를 비우는 뇌과학, 닐스 비르바우머·외르크 치틀라우 지음, 오공훈 옮김, 메디치

나는 유난히 사악하고 비뚤어진 상대, 이기기가 아주 어려운 질병과 겨루는 중이다. 최신의 과학적 성취에 더해, 강한 의지와 신체와 정신까지 요구되는 철인 경기를 치르는 기분이다. 이 경기에서 나는 결승점을 향해 서둘러 달려가지 않는다. 결승점이란 없기 때문이다. 따야 할 메달이나 트로피도 없고, 찬사도 응원도 없다. 또 하루를 살아냈다는, 내가 사랑하는 사람들과 또 하루를 보냈다는 깊은 만족감만이 있을 뿐.

351p, 나는 정신병에 걸린 뇌과학자입니다, 바버라 립스카·일레인 맥아들 지음, 정지인 옮김, 심심

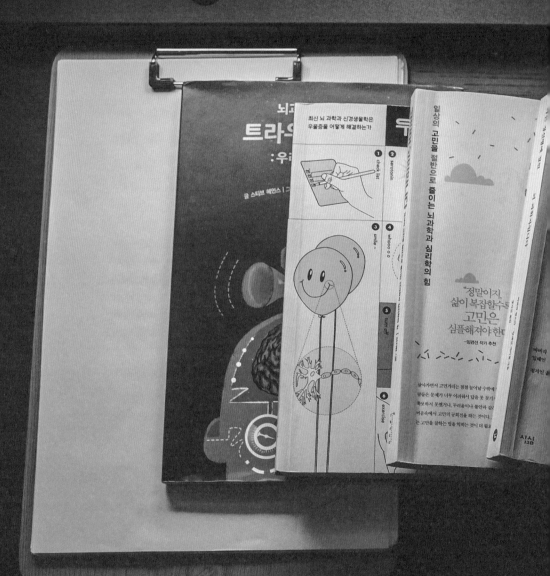

두고두고 읽는 뇌과학 이야기

Brain Science Stories You Must Read

인지과학의 발전으로 정신적 문제를 뇌과학으로 풀어내려는 시도가 늘어나고 있다.
관련 연구들은 우리 자신을 좀 더 잘 이해할 수 있게 할 뿐만 아니라
나태나 수치 등 정신적 아픔에 대한 편견 개선에도 기여한다.
우리 뇌가 우리 자신이라면 결국 문제도 뇌에 있기 때문이다. 변화가 불가능한 것은 아니다.
문제를 개선하려면 뇌의 작동방식을 잘 이해하고 긍정적 방향으로 이끌기 위해 노력해야 한다.
우울증, 조현병, 트라우마, 이상심리 등 정신적 문제를 다루는 뇌과학 책 6권을 꼽았다.

1. 우울할 땐 뇌과학

앨릭스 코브 지음, 정지인 옮김, 심심

뇌 속의 화학물질이 우리 기분을 조절한다는 사실은 이미 익숙해졌다. 세로토닌은 기분을 좋게 하고 도파민은 의욕과 흥미에 관여하며 노르에피네프린은 집중 등에 연관된다. 정신과에서는 약물을 통해 이들 신경전달물질의 작용을 조절해 치료를 진행한다. 약물 이외에 어떤 활동과 방법이 자연적으로 긍정적 효과를 만들 수 있는지는 잘 알려지지 않았다.

'우울할 땐 뇌과학'은 최신 신경과학 연구를 토대로 우리의 뇌가 기분을 조절하는 매커니즘과 실용적인 개선 방안을 소개한다. 저자는 우울증이 뇌 속에 있는 신경회로 간 상호작용의 문제로 일어나는 것이라고 말한다. 우리 뇌에는 다양한 인지 기능과 감정 조절을 담당하는 부위들이 있고 이들의 의사소통에 의해 긍정적, 부정적 방향이 결정된다는 것이다. 뇌가 부정적 방향으로 작동할 때 우리는 우울증 상태에 빠지고 침체된 상태를 유지하게 된다. 한번 빠지면 같은 방향으로 지속하려는 경향이 있어 쉽게 벗어날 수 없다. 앨릭스 코브는 이 같은 하강나선에서 벗어나 긍정적 방향의 상승나선을 만들 수 있다고 말하며 관련된 방법들을 상세히 설명한다. 운동하기, 결정하기, 감사하기, 숙면 취하기, 바이오피드백하기 등은 우울증에서 벗어나게 할 수 있는 주요한 활동이다.

'우울할 땐 뇌과학'의 가장 좋은 점은 실제로 우리가 당장 무엇을 할 수 있는지 알려준다는 점이다. 압도감에서 벗어나기 위해서는 찬물로 세수를 한다거나 통증을 줄이기 위해서는 마사지를 받는 등 행동 대처에서부터 심리적 방안까지 우울을 떨칠 수 있는 효과적인 방법들을 망라한다. 우울증에 대해 선명한 시각을 제공한다는 점에서도 의미가 있다. 정확한 원인을 알 수 없어 종종 추상화되고 낭만화되는 우울증이 분명한 체계를 통해 우리 뇌에서 일어나는 화학적 작용이라는 사실을 접하는 것만으로도 안심이 될 수 있다. 또한 우울증을 가진 사람들이 왜 부정적 사고에 쉽게 빠지는지, 어떤 것에 취약한지 밝힘으로써 관련 증상을 가진 사람들이 자신을 더 잘 이해하는데 도움을 준다. 최근 발간된 후속작 '우울할 땐 뇌과학, 실천할 땐 워크북'은 장단기적인 실천적 지침을 마련해준다.

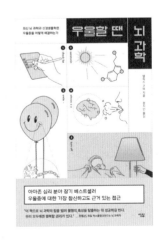

2. 고민이 고민입니다
하지현 지음, 인플루엔셜

'우울할 땐 뇌과학'이 뇌과학과 기분장애 전반을 다룬 책이라면 '고민이 고민입니다'는 고민 자체에 집중한 책이다. 우리 뇌가 기본적으로 효율성을 가장 우선해 작동한다는 사실을 기반으로 걱정과 불안을 떨쳐내고 실행으로 나아가는 방법을 안내한다.

몇날 며칠 고민만 하다가 막상 실행할 시간이 부족해 곤란한 상황에 빠지는 일은 누구나 겪는 일이다. 건국대학교에서 활동하며 25년간 환자를 진료한 하지현 교수는 이런 문제가 고민을 '잘' 하는 방법을 몰라서 일어나는 일이라고 말한다. 고민, 결정, 실행으로 이어지는 프로세스에서 고민을 위한 에너지와 시간이 과도하게 분배돼 있다는 것이다. 고민에 불필요한 소모를 하지 않고 결정과 실행으로 나아가려면 우리 감정과 뇌의 작동 방식에 대해 잘 알아야 한다.

생물학적으로 대부분의 사람의 뇌 용량은 큰 차이가 없다. 실행하지 못하고 감정과 무기력에 빠지는 이유는 뇌가 꼭 필요한 일을 할 수 없도록 만드는 감정과 습관, 잘못된 믿음 그리고 외부적 상황들 때문이다. 저자는 고민을 방해하는 요인과 인지과학적 환경을 하나하나 살펴보고 우리 감정과 뇌가 어떤 방식으로 작동하는지 설명한다. 고민의 과정을 줄여주고 실행력을 높일 수 있도록 자세한 대처방안도 알려준다.

마음의 태도에 관한 설명도 인상적이다. 고민을 잘 하는 것과 결과는 별개의 일이라는 것, 우리 인생에서 운의 영역을 무시할 수 없다는 것, 불확실성에 대한 긍정의 필요 등 불분명한 불안으로 인해 마음의 짐을 가진 우리에게 명료한 시야를 던져주는 조언들을 제시한다.

3. 나도 아직 나를 모른다
허지원 지음, 홍익출판사

"다 괜찮다"는 누군가의 말이 위로가 되지 않는다면 그건 상대에 대한 정확한 이해가 없는 긍정 과잉으로 들리기 때문이다. 괜찮다는 말에 이해와 근거가 있다면 어떻게 들릴까. '나도 아직 나를 모른다'는 우리 뇌를 정확히 이해하고 근거있는 위로를 던지는 책이다.

임상심리사로 활동하며 뇌인지과학을 연구한 허지원 교수는 직접 겪은 내담자 사례를 바탕으로 우리가 일상에서 겪는 다양한 감정과 이상심리에 대해 이야기한다. 자존감이 부족해 인간관계를 어려워하는 내담자, 애정결핍으로 연인을 힘들게 하는 내담자, 방어적 태도 때문에 걱정이 많은 내담자의 이야기 등 누구나 공감할만한 문제들이다.

'나도 아직 나를 모른다'가 특별한 이유는 심리학적 문제들을 뇌과학적 사실을 통해 하나하나 설명해 내기 때문이다. 각각의 설명을 따라가다 보면 복잡하게 엉켜있는 것만 같던 어려운 감정들의 원인과 증상이 보다 분명하게 이해되기 시작한다. 무엇보다 지속적으로 제시하는 메시지가 따뜻하게 와닿는다. 결과적으로 저자는 책을 통해 '당신이 당신이어도 괜찮다'는 말을 건네려는 것으로 보인다. 나보다 나를 잘 아는 누군가가 온 힘을 다해 건넨 위로의 말로 느껴져 책장을 덮을 즈음엔 어느새 마음이 넉넉해진다.

4. 나는 정신병에 걸린 뇌과학자입니다
바버라 립스카·일레인 맥아들 지음, 정지인 옮김, 심심

우울증이나 조울증 등 정신적 문제를 겪어 본 사람들은 자신과 타인 사이에 얼마나 큰 벽이 있는지 잘 알고 있다. 정신과에서 약을 먹게 되면 과거와 다른 자신의 모습과 마주하기 때문이다. 약을 먹고 있는 나와 우울에 빠져 있는 나는 다르게 사고하고 다르게 행동한다. 그제야 타인은 어떤 세상에 살고 있을지 아득하게 그 차이를 깨닫게 된다. 우리는 타인이 되거나 타인이 경험하는 것을 똑같이 경험해보지 않는 이상 그를 이해할 수 없다. 반대의 경우도 마찬가지다. 보통의 사람이 우울증 등의 상태를 이해하는 것은 불가능에 가깝다. 누구도 그들 행동의 결과가 아니라 사고과정을 상상하지는 못한다.

'나는 정신병에 걸린 뇌과학자입니다'는 미국 국립정신보건원 인간두뇌수집원 원장으로 일하고 있는 바버라 립스카가 전두엽의 종양과 부종으로 정신질환 증상을 겪고 극복하는 과정을 기록한 책이다. 뇌종양의 과정과 증상을 주의깊게 살피고 기록한 이유는 저자 자신이 조현병과 정신질환을 연구하는 뇌과학자이기 때문이다. 1993년 쥐를 이용한 실험을 통해 조현병 발발의 핵심 장소가 전두피질이라는 사실을 밝히기도 했다. 저자가 암을 겪은 것은 불행한 일이지만 결과적으로는 과학자로서 자신이 연구하는 병을 보다 정확하게 이해하고 증명하는 기회를 얻었다.

후두엽의 시각 피질에서 시작된 바버라 립스카의 종양은 한 차례 수술에도 불구하고 전두엽과 두정엽을 중심으로 전이된다. 뇌의 일부 기능을 박탈당하며 그가 겪은 증상들은 우리가 일반적으로 생각하는 암 투병의 모습보다 복합적이다. 계획과 집행능력, 인지능력을 담당하는 전두엽의 약화는 다양한 증상의 형태로 나타나 과거 자신의 모습을 잃어버리게 만든다. 특히 성격의 왜곡이 두드러진다. 가족들을 상대로 분노를 터뜨리고 이해할 수 없는 고집을 부리며 해충 방제 직원에게 독살의 음모를 제기하는 등의 모습은 정신질환의 일부 모습과 닮았다.

저자의 경험은 당사자가 겪는 고통을 생생하게 보여주며 정신질환을 겪고 있는 사람의 입장에 공감할 수 있게 해준다. 또한 전두엽의 기능 저하가 치매 및 노화 과정에서도 자연스럽게 일어나는 일이라는 사실을 고려하면 정신질환이 신화적 저주가 아니라 단순한 뇌의 기능 저하임을 밝히는 체험적 메시지이기도 하다. 가장 인상적인 것은 저자가 보여주는 삶에 대한 태도이다. 암을 치료하는 과정임에도 좋아하는 자전거 타기와 달리기를 멈추지 않는다. 자신의 병에 대해 모든 것을 이해하려 하고 모든 자원을 쏟아부어 극복해 내는 모습은 감동적이다. 삶에 대한 맹목이 아닌 가족과 주변 사람, 자신의 일과 작은 일상들에 대한 애틋함이 오롯이 드러나기 때문이다.

5. 머리를 비우는 뇌과학

닐스 비르바우머·외르크 치틀라우 지음, 오공훈 옮김, 메디치

'머리를 비우는 뇌과학'은 '텅 빈 상태'에 대한 책이다. '텅 빈 상태'는 단순히 쉼을 뜻하지는 않는다. 특정 조건 하에서 우리의 뇌가 방어체계를 내려놓고 고요에 진입하는 상태를 말하는 것에 가깝다. 독일의 뇌과학자 닐스 비르바우머와 공동저자 외르크 치틀라우는 이러한 뇌의 빈 상태에 대해 매우 엄밀하고 과학적인 방식으로 탐색을 시도한다.

책은 무를 추구하기 위해 마치 광기를 선택한 것처럼 보이는 과거의 철학자들부터 명상을 통해 종교적 고양을 추구한 선사들을 경유해, 텅 빈 상태를 밝히기 위한 과학적 실험의 역사까지 차례로 확인하며 실제에 접근하려 노력한다. 의식만 살아 있고 외부자극에 거의 반응하지 못하는 감금증후군 환자의 뇌연구에 이르면 '텅빈 상태'는 윤리적 질문에 가닿는다.

뇌의 빈 상태를 중심으로 다양한 분야를 두루두루 살피는 책의 과정을 따라가다 보면 여러 유용한 정보들을 만나게 된다. 뇌 속 신경계가 어떻게 의사소통을 진행하는지에 대한 설명이나 뇌가 만들어 낼 수 있는 뇌파의 종류 등 과학적 지식뿐만 아니라 빈 상태로 나아가게 만드는 음악, 명상, 축제, 스포츠, 섹스 등의 구체적 경로들까지 하나하나 상세히 확인할 수 있다. 특히 우울증, 경계성 인격장애, 조현병과 같은 정신질환에 대한 언급은 관련된 증상을 겪는 이들에게 개선에 관한 또 다른 힌트를 주기도 한다.

'머리를 비우는 뇌과학'은 윤리와 관련한 보편적 상식을 해체한다는 점에서 새로운 책이다. 뇌가 휴식을 취하는 상태인 '텅 빈 상태'는 실제 우리 뇌에 유익한 효과를 가져다준다. 또한 생산적 활동을 전혀 할 수 없는 상태인 감금증후군 환자들의 삶의 질이 정상인에 비해 높게 측정된다는 점은 우리 사회에 대한 전혀 다른 시각을 제공한다. 끊임없는 활동과 생산만을 긍정하는 사회적 이데올로기가 우리의 삶과 몸 그리고 뇌에 적절한 체제인가 하는 것이다.

무한 경쟁사회에서 '텅 빈 상태'는 도태의 과정이 될 것이다. 하지만 있는 그대로 바라본다면 무의 상태는 그 자체로 부정적인 것은 아니다. 이 사실이 우리 삶에 어떻게 적용될지는 책을 읽는 독자 각각의 몫이다. 선불교의 승려처럼 혹은 미니멀리스트처럼 삶 전체를 가벼운 상태로 만들고 쉼을 위해 텅빔을 추구할 수도 있다. 다만 분명한 것은 우리 사회가 강요하는 삶의 양식은 우리 뇌에서 나오는 것은 아니라는 점이다. 무언가를 위해 생각하길 바라며 끊임없이 채찍질하는 것 역시 우리를 둘러싼 사회일 뿐 우리 자신은 아니다.

6. 뇌과학으로 읽는 트라우마와 통증 : 우리 몸의 생존법

스티브 헤인스 지음, 소피 스탠딩 그림, 김아림 옮김, 고영훈 감수, 푸른지식

'트라우마'라는 단어는 잊을 수 없는 충격적인 일이나 마음의 상처로 남은 일을 가리켜 자주 사용한다. 일상적 용법의 뉘앙스와 달리 의학적으로 트라우마는 심각한 증상을 유발시키는 문제로 '외상 후 스트레스 장애' (Posttraumatic Stress Disorder: PTSD)로 지칭하고 있다. 관련 분야 선구자이자 '내 안의 트라우마 극복하기'의 저자인 피터 A. 레빈은 트라우마의 주요 증상으로 과각성, 수축, 해리, 무력감을 꼽으며 PTSD를 '우리가 감당할 수 있는 능력을 압도하는 모든 것'으로 정의내린 바 있다. 그가 말하는 트라우마는 포식자 앞에 놓인 동물의 매커니즘이 사람에게도 동일하게 일어나는 것으로 현재의 일상을 끊임없이 방해하는 증상이다.

트라우마를 가진 사람들은 다른 정신장애를 동반해서 겪는 경우가 많다. 우울장애, 양극성장애, 불안장애 등이다. 자신이 갖고 있는 증상과 트라우마의 영향은 혼동되기 쉽다. 전혀 생각지도 못했던 자신의 행동이 트라우마의 결과로 나타나는 증상일 수 있다. 때문에 다른 증상들을 겪고 있다면 트라우마에 대해서도 정확하게 알고 있는 것이 좋다.

'뇌과학으로 읽는 트라우마와 통증'은 트라우마가 발생하는 이유를 위협에 대응하는 우리 뇌의 오작동임을 밝히고 개선의 마음가짐부터 실질적인 방법까지 자세히 소개하고 있다. 그림을 통한 설명은 낯설고 학문적인 용어들에 보다 쉽게 접근할 수 있게 해준다. 미처 하지 못한 이야기들은 빠뜨리지 않고 주석을 통해 꼼꼼하게 배치했다. 책의 나머지 절반을 할애한 '통증' 챕터에서는 원인 모를 만성 통증을 이해할 수 있는 뇌과학적 지식들을 전해준다. 단 한 권으로 트라우마와 통증에 대한 정의부터 원인, 증상, 결과, 해결법 등에 대한 꼭 필요한 정보를 두루 확인할 수 있는 책이다. Ⓜ

최대한 빨리 우울감을 떨쳐내는 4가지 뇌과학적 방법

Four Strategies to Get Rid of Depression Using Brain Science In the Fastest Way

뇌과학과 우울증을 다룬 책들에서 나오는 조언을 직접 시도해 봤다. 새삼스러운 방법들이 의외로 효과가 좋았다.
가장 빠르고 효과적인 방법 네 가지를 추천한다.

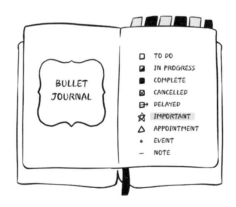

1. 불렛저널, 나 자신에 대한 통제감 회복하기

불렛저널(bullet jounal)은 다양한 기호를 통해 일정을 정리하는 다이어리 방식이다. 일반적인 다이어리와의 차이점은 그날그날의 복잡한 감정과 일상적 사건을 단순화해 효율적으로 기록할 수 있다는 점이다.

불렛저널을 활용하면 장단기 목표가 어떻게 진행되고 있는지, 자신의 일상이 무엇으로 이루어지는지 객관적인 시야를 확보할 수 있다. 무엇보다 오늘의 일과 가까운 미래의 일에 대해 빠른 결정과 피드백이 가능해 고민을 줄여줄 수 있다.

매일 목표를 설정하고 해야 할 일을 정하면 목표지향적 행위를 담당하는 전전두피질이 활성화해 무의미한 고민이나 공포감, 무기력을 떨쳐 내는 데 도움이 된다. 특히 작은 성취들과 계획의 명확한 기록을 통해 스스로에 대한 통제감을 확보할 수 있다.

2. 걷기, 가장 단순하고 효과적인 운동

운동이 우리 몸에 끼치는 긍정적 영향은 이루 말할 수 없이 많다. 운동 자체로 몸에 활력을 주고 뇌가 다양한 긍정적 호르몬을 생성해 우울
감에서 벗어나게 한다. 하지만 일단 우울에 사로잡히면 실천이 쉽지 않다. 운동을 위해 몸을 일으키는 일이 엄청나게 힘든 일로 느껴지기
때문이다.

걷기는 가장 쉽고 편한 운동 방법이다. 집 밖으로 나갈 수만 있다면 언제든 실천할 수 있다. 다른 운동과 달리 시간을 맞출 필요도 없고 돈이
들지도 않는다. 목적지를 정해 약간의 보상만 마련할 수 있다면 동기부여도 어렵지 않다. 과격한 운동과 달리 충분한 시간을 투자하면 생각
이 정리되고 다른 일을 위한 최적화의 과정이 되기도 한다.

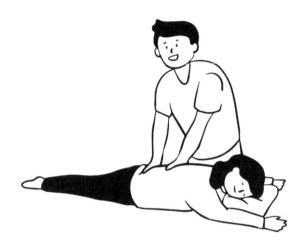

3. 위급할 땐 마사지

농담처럼 들리겠지만 마음이 무너질 때 마사지는 큰 도움이 된다. 우울감은 고립되거나 감정에 압도될 때 가장 심해진다. 마사지는 폭풍 같은 내면의 상황을 벗어나는데 탁월한 효과가 있다. 우선 마사지를 염두에 두면 위기 상황에서 스스로 대처할 수 있는 선택지가 늘어난다. 또한 마사지는 진통효과가 있는 엔도르핀을 생성해 통증을 줄여주고 옥시토신을 늘려준다. 신체접촉을 통해 활성화 하는 옥시토신은 스트레스와 불안을 진정시킨다. 무엇보다 마사지를 받으면 몸이 노곤해져 평소보다 쉽게 잠들 수 있다. 당혹스러운 하루를 빨리 닫아걸고 싶다면 자신과 잘 맞는 마사지샵을 찾아보자.

4. 환경 개선하기, 뭐든 바꿔보자

다소 충동적 행동을 부추길 수 있으나 우울감에서 벗어나는 가장 빠른 방법이다. 우리 뇌는 주변 환경과 습관적 행동에 민감하다고 한다. 아무것도 할 수 없을 정도로 무기력하거나 우울하다면 정말 아무것도 하지 않고 책상을 정리하거나 방을 청소하는 행동이 도움이 된다. 방의 구조를 바꾸거나 인테리어 아이템을 구입해 집 안 분위기를 바꿔보는 것도 좋다. 때론 무작정 쇼핑을 위해 나가보는 것도 기분을 바꾸는 데는 효과적이다. 당장의 귀찮음을 극복하면 생각보다 오래 뿌듯함을 느낄 수 있다. Ⓜ

[참조] 우울할 땐 뇌과학, 엘릭스 코브 지음, 정지인 옮김, 심심
　　　불렛저널, 라이더 캐롤 지음, 최성옥 옮김, 한빛비즈

'먹지 않거나, 너무 많이 먹거나' 섭식장애는 정말 음식이 문제일까?

Overeating or Stopped Eating – The Cause of Eating Disorders: About More Than Food

김소울 소장

플로리다 마음연구소 마음연구소 소장. 섭식장애를 전문으로 다루고 있는 미술치료센터를 운영하고 있으며, 대학에서 심리와 미술을 가르치고 있다. 〈치유미술관〉을 비롯해 12권의 책을 썼다.

"의지를 가지고 안 먹으면 되지 않나요?"

섭식장애는 음지의 질환이다. 음식을 먹고 먹지 못하는 가장 일상에 가까운 영역이 침범되고 있음에도 불구하고, 내담자들은 가족을 비롯하여 가까운 사람에게 공개하기를 어려워하고 있다. 한국사람들에게 식사의 영역은 다른 사회보다 더욱 예민한 영역이다. '밥은 먹었니?'라는 것이 통상적인 인사로 여전히 사용되고 있는 대한민국에서 음식을 먹고 토해버리거나 살이 찔까 두려워 음식을 먹지 못한다는 것은 '비상식'의 범주에 포함된다. 고리타분하게 80년대의 보릿고개의 이야기를 굳이 꺼내지 않아도 먹은 것을 게워 내거나 거부하는 것은 대다수에게 공감받기 어려운 부분이다.

그렇기에, "엄마, 나 섭식장애인 것 같아" 라는 이야기를 꺼냈을 때, 아이들은 기대하는 반응을 듣지 못하는 경우가 많다. 자신의 소중한 자녀가 음식이 조절이 되지 않아 고통을 받는다는 말을 들었을 때도 부모님들은 이해를 할 수 없고, 이해를 하더라도 공감을 하기가 너무 어려운 것이다. 부모의 인간성, 교육수준, 경제력과 하등의 관계가 없다. 살 찔까봐 굶어서 이지경이 되었는데 음식이 무서워서 계속 굶는다는 것은 이해하기 힘들고, 오히려 화가 나는 부분일 수 있다. 힘들게 키우고 힘들게 돈 벌어다 줬는데 살이 찐다는 이유로 밥을 먹지 않는다니, 어처구니가 없다. 먹은 밥을 계속 토하고 또 먹고 토하고를 반복한다는 이야기를 들었을 경우는 더욱 이해도가 떨어진다. 이해도가 없는 부모님이 보기에 거식환자는 아무것도 안하고 있는 것과 다름없다. '먹어. 지금도 엄청 말랐어.' 라며 먹는 행동을 강요하려 한다. 반면 폭식환자는 먹고 토하기라는 행위를 적극적으로 하고 있는 것으로 보인다. 그래서 '그냥 안 먹고 안 토하면 안 돼?'라는 질문을 쉽게 던진다. 섭식장애를 겪는 30대 환자의 60대 어머니는 '우

섭식장애 내담자 미술치료 작품 〈나와 나의 증상〉

리 때는~' 이라고 하며 어렸을 때 먹을 것을 구하기가 얼마나 어려웠는지에 대해 딸 앞에서 설명했다. 딸에게 아무 의미가 없고 증상 호전에 아무런 도움도 되지 않는 이야기이다. 이 설명은 '내가 이 정도로 너의 섭식장애를 이해하지 못하겠다.'는 뜻일 뿐이다.

정말 문제는 음식일까

섭식장애는 먹고 안 먹고의 문제가 아니다. 한때 사회적 문제가 되었던 음식중독과 폭식증에 차이가 있다면, 음식중독은 원인이 음식이라는 것이고 폭식증은 그 결과가 음식이라는 것이다. 섭식장애는 개인적, 사회적, 환경적, 심리적 원인으로 인한 결과이다. 섭식장애로 인해 자존감이 낮아지고 대인관계가 단절되는 결과가 생기면서 나중에는 그 원인과 결과가 혼재되기도 한다. 그러나 그 시작점에 있는 심리적 원인을 찾아내고, 섭식장애를 발생시키는 방아쇠인 트리거를 찾아내는 것은 치료에 있어서 너무나 중요한 부분이다.

한국 문화의 특이점 중 하나는 살에 대한 이야기로 인사를 한다는 것이다. 여전히 일부 성인들은 오랜만에 만난 지인이나 친구의 체중변화를 짚어내 이야기 하는 것을 '인사'라고 생각한다. "어휴~ 얼굴 살이 보기 좋네. 요새 좀 편한가봐?" "에고 깡마른 것 좀 봐. 밥 좀 잘 먹고 다녀야지" 와 같이 타인의 체형을 굳이 말로 이야기하는 무례한 행위를 서슴지 않는다. 개인 간의 사회적공간이 상당히 좁은 일부 한국인들은 살이 찌고 빠진 것, 애인유무, 결혼을 언제 할 것인지, 아이를 낳을 것인지에 대해 과도하게 묻고, 스스로 무례한 행동을

한다는 것을 인지하지 못한다. "실례지만 나이가 어떻게 되세요?"라는 문장은 '예의에 어긋나는 것을 알지만 그건 너한테 적용되는 사항은 아니고 너 나이 몇이야' 라는 상대방을 철저하게 무시하는 행위이다. 실례라는 것을 안다면 상대방에게 묻거나 이야기하지 말아야 한다. 동방예의지국이라고 말만 내세웠을 뿐, 상대방에게 가혹한 말과 질문들을 너무 쉽게 꺼내는 것이다.

사랑받고 싶어서 시작한 다이어트였는데…

많은 섭식장애 환자들이 다이어트를 시도했다. 이유는 사랑받기 위해서, 주목받기 위해서, 스스로를 사랑하기 위해서… 즉 '더 나은 내가 되기 위해서' 다. 성공적인 다이어트는 자존감을 향상시키고 매사에 자신감을 상승하게 해 있던 우울감도 없어지는 효과를 볼 수 있다. 그러나 건강한 식단조절과 운동에서 멈추지 못하고 이것이 강박이 되었을 때, 다이어트 성공의 영광 밑에 자리 잡은 어둠이 스멀스멀 올라온다. 이것들은 생활의 작은 스트레스로부터 시작할 수 있다. 식단조절을 멈추면 다시 살쪘을 때의 과거로 돌아갈지 모른다는 불안감, 다른 여자들은 먹고 싶은 걸 다 먹으면서도 날씬한데 나는 이렇게 노력해야지만 이 몸을 유지한다는 열등감과 비교의식, 남들 앞에서는 여유 있게 웃고 떠들지만 뒤돌아서면 죽어라 러닝머신에서 뛰어야 한다는 스트레스 등. 그 범주는 상당히 넓다.

먹고 싶은 음식을 먹지 못하는 상황은 짜증스럽고, 분명 이 음식들이 맛있는 것을 알기 때문에 더 화가 난다. 애초에 처음부터 살이 찌지 않았

더라면 이렇게 고생스럽지도 않았을 것이라는 생각도 든다. 어렸을 때 소아비만을 가지고 있던 사람이라면 어린 시절 식단조절을 잘 해주지 않았던, 그리고 지금도 뚱뚱한 부모님을 원망할 수도 있다. 그리고 과거 게걸스럽게 먹어치워 살을 찌워버린 자신을 자책할 수도 있다. 음식을 먹지 못하는 상황은 계속해서 압박이 되고, 가장 기본적인 의식주 욕구 중 하나가 충족되지 않는다는 감각은 허망한 감정을 불러일으킨다. 음식을 조절해야 하는 상황은 불편함으로 다가오고, 이 불편함은 단순하게 다이어트를 포기하면 해결된다는 사실도 알고 있다. 그러나 그럼에도 불구하고 계속해서 음식을 조절하는 이유는 체중조절에 대한 가치에 손을 들어줬기 때문이다. 고부갈등이 있는 며느리들이 이혼함으로써 갈등을 벗어나고, 직장상사와 갈등이 있는 사람이 퇴사함으로써 갈등을 해결하려고 하지 않는 것도 마찬가지이다. 우리는 우리에게 일어나는 모든 불편함을 제거하면서 살아가지는 않는다. 대부분 그것을 끌어안고 나아가는 방향을 선택한다. 그렇기에 인간은 욕망과 갈등이 뒤얽혀 있는 존재일 수밖에 없다.

스스로에게 다가온 불편한 감정은 어디론가 흘러가야 한다. 부정적인 감정은 마치 살아있는 공과도 같아서 한번 생겨나기 시작했다면 그것을 자연스럽게 흘려보내는 방식을 선택할 수도 있지만, 마치 테니스라켓을 휘두르는 것처럼 그 감정에 대해 격렬하게 반응할 수도 있다. 잠을 못 잘 때, 그리고 배고플 때 우리는 예민해진다. 평소에 섬세한 성격을 가지고 있던 사람이라면 감성적이고 예리한 통찰력이 장점이 되었을 것이다. 그러나 그 장점은 우리 몸이 위기 상황에 처했을 때 날카롭고 공격적이 된다. 평상시 같았으면 흘려보낼 수 있던 일들이 예민해진 상태에서는 흘려보내기가 어렵다. 각성된 공격성은 부정적 감정을 외부로 향하게 하거나, 그것을 스스로에게 향하게 하기도 한다. 여자에게 날씬함을 강요하는 이 사회에 분노가 생기고, 생각보다 많이 먹어버린 날은 음식 조절 하나 제대로 하지 못한 자신을 자책한다. 한번 날카로워진 생각들은 더 뾰족하게 스스로를 공격할 수 있는 준비를 하고, 고작 치킨 두 조각을 입에 넣었다는 이유로 '미친 거 아냐?'라는 질문을 스스로에게 던진다.

음식이 점차 강박이 되다

이때 궁지에 몰리면서 평소에 하지 않던 방향으로 생각이 진행되기 시작한다. 자신이 심리적으로 안정적인 상태가 되기 위해서는 규칙이 필요하다고 생각하게 되고, 그 생각은 음식에 관한 규칙을 하나둘씩 늘려나가는 행위를 실천하게 한다. 혼란스럽게 먹고 후회하지 말고 6시 이후에 음식을 먹지 않으면 되는 것이다. 그냥 기름으로 튀긴 음식을 먹지 않는다고 정하면 되는 것이고, 흰색 탄수화물은 식단에서 제외하면 되는 것이다. 아니면 살찌는 음식들은 주말에만 먹는 규칙을 만들 수도 있다. 그러나 이 역시 불안하다. 불안을 감소하려면 구체적인 무언가가 필요하고, 가장 합리적이고 편한 숫자를 선택한다. 많이, 조금 이런 기준은 불완전하니 확실하게 숫자를 이용하여 관리하면 실수도 덜 하고 덜 불안

섭식장애 내담자 미술치료 작품 〈과거, 현재, 미래의 내 모습〉

섭식장애 내담자 미술치료 작품 〈음식은 나에게 무엇인가〉

할 것 같기 때문이다. 하루에 먹은 칼로리를 계산하고 음식의 무게를 재거나 표기된 음식을 1/n로 나누어 몸에 들어온 칼로리를 계산하니 쉽고 편하다. 매일 매일 규칙이 늘어난다. 그리고 인간에게 가장 큰 자유로움을 느끼게 하는 욕구인 식사가 규칙 안에 갇혀버리게 된다. 조금 먹으면 분명 살이 빠지는데 그 '조금'에 대한 기준이 애매하면 당장 내가 함께 먹는 사람보다 조금 먹으면 안심이 된다. 저녁 약속자리에서 가늠하지 못할 정도로 먹어버렸다면 그냥 다음 날은 쭉 굶어버리기를 선택하면 안심이 된다. 늘어난 식사규칙과 지침들 때문에 실패하는 사건들도 함께 늘어난다.

섭식장애 환자들은 이 순간에 한 발자국 더 나아가기를 선택한다. 더더욱 식사규칙을 만들어 아주 조금 먹어 살이 계속 빠지는 선택을 하거나, 음식을 참는 것은 더 이상 어려우니 먹고 게워

내는 방식을 선택하거나, 맛은 보고 싶고 배부른 감각이 두려우니 씹고 뱉는 방식을 선택하기도 한다. 아직은 자신이 섭식장애라는 생각은 하지 않고, 다이어트 방식이 조금 극단적인 형태가 되었다고만 생각한다. 다이어트 도중 폭토를 시작한 환자들의 경우 다이어트 내내 먹지 못했던 음식들을 모두 입에 욱여넣을 수가 있다. 모두 게워내면 그만이라는 생각은 황홀감까지 안겨준다. 거식은 최종적으로 체중을 감소시킬 것이며, 씹고 뱉는 행위는 살찔까봐 입에 대지도 않았던 음식들을 오랜 시간 계속해서 씹을 수 있다는 쾌감을 안겨준다. 그렇게 한 발자국, 한 발자국 계속 늪 속으로 빠져든다. 그리고 이 방법이 잘못되었다는 것을 깨닫는 데 까지는 그리 오랜 시간이 걸리지 않는다. 그러나 도중에 멈추기란 쉽지 않다. 늪에 빠졌기 때문이다. 시야는 좁아졌고 발버둥칠수록 더 그 안에서 맴돌기 시작한다. Ⓜ

생각과 씨앗의 정원

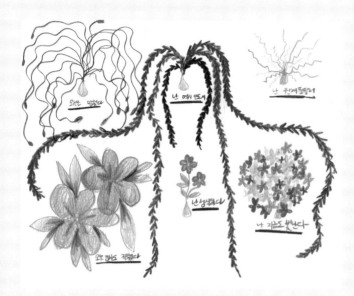

A4용지에 6개의 씨앗을 그려보자. 이 씨앗들은 생각이 담겨 있어서 땅에 심으면 자라나서 그 생각을 꽃피우게 된다. 처음 3개의 씨앗에는 부정적인 생각들이 담겨있다. 내가 최근에 다이어트를 하며 생각했던 3가지의 서로 다른 부정적 생각들을 씨앗의 안에 적어보도록 한다. 나머지 3개의 씨앗에는 긍정적인 생각들이 담겨있다. 여기에는 다이어트 도중 나에게 가졌던 긍정적인 생각들을 적어본다. 이제 가위로 이 씨앗그림들을 잘라 조금 더 큰 종이 위에 테이프나 풀로 붙여보자. 이제 이 씨앗이 자라난 생각의 정원을 꾸미게 된다. 어떤 씨앗은 자라서 잡초처럼 정원의 다른 식물들에게 해가 되는 식물이 될 수도 있고, 어떤 씨앗은 건강히 자랄 것이며, 어떤 씨앗은 환하게 꽃을 피울 수도 있다.

완성된 정원은 어떤 모습을 하고 있으며, 씨앗은 자라서 무엇이 되었는지 살펴보자. 잡초가 된 씨앗은 무엇이고, 썩어서 자라지 못한 씨앗은 무엇이며, 건강하게 꽃을 피운 씨앗은 무엇인가. 이제 이 씨앗이 자라나온 식물에 대해 더 생각해 보자. 씨앗이 바깥세상으로 나올 때 까지 땅 속에 있던 시간은 얼마나 걸렸을까. 이 씨앗을 심은 사람은 누구일까. 과거 어떤 사건들이 이 이 씨앗을 심도록 했었나. 자라난 식물의 건강상태는 어떠한가. 다른 생각들을 집어삼킬 만큼 압도적인가, 아니면 언제든지 제거할 수 있는 상태인가. 마지막으로 결국, 이 생각들이 당신의 삶에 끼치는 영향은 무엇인가.

잡초가 되어 다른 식물들에게 해를 끼치는 씨앗이 있다면 제거할 수도 있을 것이다. 어떤 식물들을 제거하여 생각의 정원을 더 건강하게 만들 수 있을지, 제거한다면 어떤 방식으로 제거하면 좋을지 생각해보자.

생각의 정원 작업에 참여했던 한 여성은 부정적인 생각이 들어 있는 씨앗으로 '난 역시 안 돼'라는 감점사고를 선택하였다. 다른 씨앗과 마찬가지로 그저 하나의 생각에 불과했지만 이 씨앗이 자라나 그녀의 생각의 정원은 '난 역시 안 돼'가 싱장한 무성한 잡초 속에 모두 갇히고 말았다. 긍정적인 생각이었던 '건강이 좋아지고 있다'와 '난 열심히 사는 사람이다'는 '난 역시 안 돼'에 가려져 결국 보이지 않게 되었다. 이 씨앗을 무성한 잡초로 키운 것은 그녀 자신이며, 부정적 사고를 계속 키워나가 스스로를 메마르게 했다는 사실을 깨달은 그녀는 감점사고를 조금씩 잘라나가기로 결심했다.

자신이 무언가 하려고 할 때 마다 시도조차 하지 못하고, 시도 하더라도 금세 금세 포기해 버리는 원인을 눈으로 확인한 그녀는 긍정적 사고의 씨앗들을 더욱 건강하게 키울 작은 계획들을 세웠다. "농기계로 안 좋은 모든 생각들을 밀어버리고 싶지만, 지금 좋은 생각과 나쁜 생각이 서로 엉켜 있어서 구분할 수가 없는 것 같아요. 안 좋은 생각들은 조금씩 잘라내서 저의 좋은 생각들이 다시 태양을 볼 수 있게 만들어 줄 거예요." Ⓜ

이형(異形)의 존재들

Different Beings

영화 속의 등장인물들은 대체로 독특한 성격을 갖고 있다. 의외성이 있어야 이야기가 재미있어지기 때문이다. 캐릭터들은 보편적 사건에서 뛰쳐나가 새로운 이야기를 만든다. 독특함을 넘어서 이형을 다루는 영화들도 있다. 다른 모습, 다른 인간, 다름 그 자체에 대한 이야기다. 영화가 낯선 것을 탐색하는 이유는 오히려 그들을 이해하고자 하기 때문이다. 이형의 존재를 다루는 영화를 모았다.

1. "이대로 살고 싶어." – 리

〈맨체스터 바이 더 씨〉 케네스 로너건 감독, 케이시 애플렉, 미셸 윌리엄스, 카일 챈들러 등 출연, 2017.

끔찍한 실수로 혼자가 된 '맨체스터 바이 더 씨'의 주인공 '리'는 고향을 떠나 무기력하게 살아간다. 아파트 관리인으로 하루하루 삶을 이어가는 것 이외에는 어떤 것에도 관심이 없다. 친형이 죽자 조카 '패트릭'의 후견인으로 지목되지만 다시 고향에서 살고 싶은 마음은 조금도 없다. 관객에게 '리'는 삶에 대한 욕망도 욕구도 없는 이상한 사람처럼 보인다. 조카에게 등 떠밀려 이성과 한 자리에 있게 되어도 대화를 이어나갈 의지조차 보이지 않는다. 사람들이 불쌍하게 여겨야 마땅해 보이지만 고향에서 그를 바라보는 시선에는 혐오가 깃들어 있다.

고향에 오래 머물게 되자 리는 인력사무소를 찾아간다. 사장으로 보이는 인물은 그가 돌아간 후 직원에게 "다시는 보고 싶지 않은 사람"이라고 말한다. 불행은 자주 혐오스러운 일이며 지나간 상처와 고통에는 아무런 힘도 없다. 사춘기를 보내고 있는 조카의 또래 이성에 대한 열렬한 관심과 고향에 대한 애정은 리의 모습을 시체처럼 보이게 할뿐이다. 인생의 명확한 의미를 생각해보지 않은 아직 어린 나이의 맹목적 삶의 의지는 야속할 정도로 아름다워 보인다. 대개 영화 속에서 고난과 절망은 명백한 의미를 갖는다. 주변 사람들은 비정상적일 정도로 친절하며 주인공이 다시 희망을 이룰 수 있도록 세상 전체가 나선다. 우리가 겪는 세상과 똑같지는 않다. 그러니 우리를 비난할 이유도 없다. 살아가는 것에 살아가는 것 이외의 다른 목적이 없는 삶도 존재한다. 그냥 살아가는 것이 죄를 짓는 일도 아니므로. 누군가에게는 그것마저 의미가 된다.

2. "그냥 이게 나예요." – 프레디 퀠

〈마스터〉, 폴 토마스 앤더슨 감독, 호아킨 피닉스, 필립 세이모어 호프만, 에이미 아담스, 로라 던 등 출연, 2013.
호아킨 피닉스는 2차 세계대전 참전 후 정신적으로 무너져 내린 인물 '프레디 퀠'을 완벽하게 그려낸다. 구부정한 허리, 비뚤하게 내려앉은 한쪽 어깨는 캐릭터의 내면을 반영한 듯하다. 정신적 고통을 겪는 프레디는 사이비처럼 보이는 종교 혹은 정신분석학의 지도자 랭케스터를 쫓아 함께 생활하며 과거를 극복하려 한다. 영화가 전하려는 의미와는 별개로 전혀 효과를 알 수 없는 치료 프로그램들을 간절히 따라하는 프레디의 모습은 모든 인생의 고난을 은유하는 것만 같다.
엔딩 장면이 인상적이다. 영화는 불분명한 이유로 랭케스터를 떠난 프레디가 어느 작고 외진 마을에서 자신을 완전히 포기한 듯 생활하는 모습을 비춰준다. 그런데 그 모습이 어느 때보다 편안해 보인다. 심지어 낡은 술집에서 만난 여자와 함께 밤을 보낼 때, 프레디는 과거 랭케스터에게 배운 치료법을 스스로 희화화한다. 한때 절박하게 매달렸던 극복의 도구를 낯선 여자에게 농담 삼아 건네는 그의 행동은 어긋난 인생을 있는 그대로 받아들이는 제스처로 느껴진다. 과거에 대한 보상심리는 현재의 삶을 계속해서 회피하게 한다. 그래서 고통은 고통으로 기쁨은 기쁨으로 그저 순간에 던져버리는 그의 모습은 감동적이다. 곧이어 그녀와 따뜻한 대화를 주고받을 때 이상하고 기이해 보였던 그의 존재도 어떤 교정 없이, 마침내 세상에 속하는 듯하다.

3. "나만큼 죽고 싶은 사람 있어?" – 라몬 삼페드로

〈씨 인사이드〉, 알레한드로 아메나바르 감독, 하비에르 바르뎀, 벨렌 루에다, 롤라 두에냐스 등 출연, 2004.

'씨 인사이드'의 주인공 '라몬 삼페드로'는 세상에서 가장 죽고 싶어 하는 사람이다. 누구보다 죽고 싶을 것이라 말할 수 있는 이유는 죽고 싶어도 죽을 수 없기 때문이다. 28년 전 스페인 코로나 해변에서 다이빙을 하다 목을 다쳐 전신 마비가 된 라몬은 얼굴 이외에는 전혀 움직일 수 없다. 더 이상 삶의 가치를 느낄 수 없으니 죽음을 원하는 것은 자연스러운 일이다. 존엄사를 지지하는 협회의 도움으로 변호사를 구해 바르셀로나 정부에 청원을 할 수는 있었지만 받아들여지지 않는다. 대신 변호사 훌리아와 그의 사연을 접하고 함께하게 된 로사의 도움으로 생을 중단할 수 있게 된다.

존엄사 이슈를 다루는 이야기들은 대개 찬반 양론의 갈등을 축으로 사건이 전개된다. '씨 인사이드'에서는 라몬을 둘러싼 사람들이 어떻게 그를 이해하게 되는지가 더 중요하다. 이성적 논쟁보다는 캐릭터의 심리와 사랑이 중심에 놓여있다. 자살하고 싶어 하는 라몬도, 그를 도우려는 주변 사람들도 사실은 너무나 살고 싶기 때문에 괴롭다. 살고 싶어서 죽고 싶어 하는 아이러니를 모든 인물들이 납득하게 되는 시점에 라몬의 소망도 성취된다. 관습적으로 전혀 이해가 되지 않는 일이 이해 가능한 일이 되는 이유는 주인공의 너무나 상식적인 태도 때문이다. 때로 누군가를 이해할 수 없는 이유는 단지 이해하고 싶지 않아서이다.

세상에서 가장 아름다운 이별

씨 인사이드
Sea inside

〈디 아더스〉알레한드로 아메나바르 감독작품

4. '비자발적 이형' – 김지영

《82년생 김지영》, 김도영 감독, 정유미, 공유, 김미경 등 출연, 2019.

반대로 이형을 강요받는 대상도 있다. '82년생 김지영'에서 여성이 받는 차별은 발화의 불가능성으로 표현된다. 대부분의 사람들이 사회적 소수의 침묵을 말하지 '못하는' 것이 아니라 말하지 '않는' 것으로 오해한다. 사실 과거부터 지금까지 그들은 항상 말하고 있었다. 그럼에도 묵살당할 뿐이다. 이상하게도 우리 사회에서는 여성이 부당함을 이야기할 때 유치한 불평으로 치부해 버리는 일이 많다. 가부장적 사회의 남성성은 쉽사리 자신의 생각을 의심하려 들지 않는다.

82년생 김지영은 여성이라서 겪어야 했던 부당한 일들에 대해 줄곧 입을 다물어야 했다. 결국 하지 못하고 가슴 속에 쌓여 온 말의 부스러기들은 사회적으로 수용 가능한 다른 화자의 발화로 모습을 드러낸다. 인문사회학적 근거를 통해 독자를 충분히 설득할 수 있었던 원작 소설과 다르게 안타깝게도 영화는 지영이 겪은 사회적 차별을 정신적 이상성으로 설명한다. 감독이 치명적으로 실패한 것은 원인과 결과의 선후관계 설정이다. 초반부 관객을 설득하기도 전에 대뜸 지영의 빙의 현상이 중심에 놓이면서 문제가 정신질환으로 오인 되도록 했다. '말하는 여성'을 이형으로 취급하는 사회에서 영화는 지영을 정신질환의 주체로 만들어버렸다. 그럼에도 많은 사람들이 지영의 입장과 여성의 사회적 위치에 공감했다. 소설에 비해 온건해 보이기까지 하는 주인공의 경험이 여전히 반복되고 있기 때문일 것이다. 한국 사회에서 지영은 아직도 이해받지 못하는 존재로 보인다.

5. '다름은 죄가 없다' – 티나와 보레

《경계선》, 알리 아바시 감독, 에바 멜란데르, 에로 밀로노프 등 출연. 2018.

'경계선'은 차이를 다루기 위해 다소 극단적인 은유를 택했다. 남들과 다른 외모 탓에 불행하게 살아 온 주인공 티나에게는 특별한 능력이 있다. 냄새를 통해 사람의 감정을 알아차리고 동물과 교감할 수 있는 능력이다. 출입국 세관 직원으로 일하면서 냄새만으로 범죄자를 잡아내기도 한다. 어느 날 자신과 닮아 보이는 남자 보레를 만나게 된 그녀는 자신이 인간과 다른 종이었다는 사실을 알게 된다.

주인공 티나와 보레는 같은 종이지만 중요한 차이가 있다. 완전히 인간의 감성을 갖고 있는 티나와 달리 보레는 인간에게 증오를 품었다. 다르다는 사실 때문에 실험의 대상이 되고 배척의 대상이 되는 자신들의 처지를 범죄로 되갚는다. 보레와 함께하는 것이 더 행복한 일일 수 있지만 티나는 인간이 되기를 선택한다. 영화는 아름다움과 추함이 외모나 삶의 방식에 있지 않다는 이야기를 완성한다. 인간을 인간이도록 하는 것은 보편적 선악을 구분할 수 있는 능력에 있다는 것이다. 진부한 주제가 선뜻 새롭게 와닿는 이유는 다름에 대한 표현 방식 때문이다. 영화를 보며 느끼는 추한 외모에 대한 거부감은 우리가 일상에서 만날 수 있는 비윤리적 존재에게 그대로 옮겨간다. 추한 것이 악한 게 아니라 악한 것이 추한 것이다. 우리는 보편에서 벗어난 사람을 아주 쉽게 부도덕하게 바라보지만 거기엔 마땅한 이유가 없다. 그저 나와 다르기 때문에 부당한 것이다. 오히려 모든 인간은 모든 종의 차이만큼 서로 다른 존재이다.

6. '결핍의 위대함' – 빈센트 프리맨

〈가타카〉, 앤드류 니콜 감독, 에단 호크, 우마 서먼, 주드 로, 앨런 아킨 등 출연, 1997.

'가타카'의 주인공 빈센트 프리맨은 평범한 사람이다. 타고난 결핍과 재능이 혼재해 있고 꿈에 대한 열망이 가득하다. 근미래를 다룬 영화의 배경 탓에 그의 평범함은 열등함이 된다. '가타카'의 세계에서는 태아의 유전자를 조작해 열성 인자를 제거하고 부모의 좋은 점만 취사선택하는 것이 가능해진다. 신분도 인종도 더 이상 문제가 되지 않는 이곳에서 유일한 차별은 유전자다. 자연인으로 태어난 빈센트는 우주탐사회사인 가타카에 입사해 비행사가 되는 것이 꿈이지만 불가능에 가까운 일이다. 혈액 검사로 열성 인간을 수시로 가름하기 때문이다. 여러 일자리를 전전하다가 가타카에 청소부로 들어가게 된 빈센트는 꿈을 포기하는 대신 다른 방법을 찾는다. 우성 인간의 아이덴티티를 돈으로 사는 것이다.

사고로 하반신이 마비된 수영 메달리스트 제롬 모로우와의 거래로 빈센트는 가타카에 입사하게 된다. 다만 그 과정이 처절할 정도로 힘겹다. 제롬의 프로필에 맞추기 위해 다리를 늘리는 수술을 하고 매일매일 그에게 받은 혈액으로 테스트를 통과한다. 급기야 회사 내에서 살인 사건이 일어난다. 형사들의 조사는 빈센트를 난처하게 한다. 영화 '가타카'를 통해 알 수 있는 것은 역설적이게도 결핍의 위대함이다. 만약 주인공이 우성 인간으로 태어났다면 자신이 할 수 있는 일과 없는 일의 경계를 분명히 인지했을 것이다. 결핍이 있고 완벽하지 않기 때문에 오히려 비합리적으로 보이는 꿈을 끝까지 추구할 수 있다. 가타카의 동료인 여주인공이 빈센트를 사랑하게 되는 것 역시 그의 결핍 때문이다. 완전함과 불완전함을 선택할 수 있다면 누구든 완전함을 택할 것이다. 그럼에도 결핍으로만 설명할 수 있는 단독성이 세상에는 있다. 잦은 실패 속에서도 우리가 죽지않고 살아가는 것 역시 그때문이 아닐까. Ⓜ

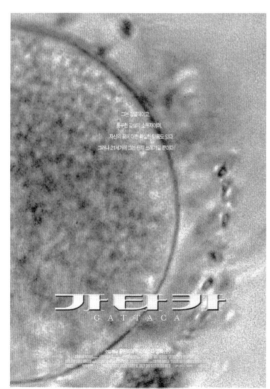

한여름의 아이슬란드

Mid summer in Iceland -두 번째 이야기

차가운 아이슬란드를 한 여름에 다녀왔다. 오로라를 볼 수 없는 계절이었다. 대신 예상치 못한 즐거움과 추억을 남겼다. 백야의 흔적을 말끔히 지우지 못한 여름의 아이슬란드는 여전히 차갑고 아름다웠다. 여름이라는 이름이 무색하게 한기가 가시지 않는 날씨에도 3년 전 8일 간의 여행은 내게 포근한 기억으로 남아 있다.

성격상 혼자 여행하는 것을 선호하지만 아이슬란드에서는 유일하게 두 명의 동행이 있었다. 우리는 함께 이동했다. 아직 녹지 않은 풀 바닥에 텐트로 잠자리를 만들었고 비싼 물가를 피해 사 모은 부실한 빵과 하얗게 설은 싸구려 소시지와 쿠키로 끼니를 때웠다. 동행들이 있어 황량한 아이슬란드가 오히려 따뜻하게 기억에 남는다. J는 대학동기이자 함께 사진 동아리를 했던 친구다. 세계 일주를 하고 있던 그는 내 여행 일정에 맞춰 아이슬란드로 날아왔다. 한국에서도 미뤄뒀던 재회를 아이슬란드에서 하게 된 것이다. L은 온라인에서 만난 동행이다. 가업으로 식당을 운영하고 프랑스에서 요리 유학을 하고 있었다. 유학 중에는 미슐랭 스타를 받은 레스토랑에서 경험을 쌓고 있었다.

#1. 비오는 골든서클

첫 번째 골든서클 코스는 싱벨리어(Thingvellir) 국립공원. 호수와 숲, 바위들이 아름다운 경관을 만들고 있는 곳이다. 이곳을 산책하다보면 북유럽 신화의 상상이 저절로 머릿속에 펼쳐진다. 곧바로 간헐천이 있는 게이시르(Geysir)로 자리를 옮겼다. 게이시르의 매력은 지하의 열과 압력으로 인해 몇 분마다 폭발하는 온천의 분출 장면이다. 폭발 직전 물 표면은 고래 등처럼 둥글게 부풀어 오르고 마침내 30m 가량의 높이로 터져 오른다. 언제 터질지 모르는 타이

밍을 기다리는 짜릿함은 이곳의 가장 큰 매력이 아닌가 싶다. 그 위력도 매번 달라 자꾸만 쏟아지는 물세례를 기다리게 하는 곳이다. 마지막 코스인 굴포스(Gullfoss)는 커다란 폭포다. 포스라는 지명은 폭포라는 의미를 갖고 있다. 누구라도 굴포스를 마주하면 지금껏 경험하지 못한 스케일에 압도되고 만다. 폭포가 시야에 들어오는 순간부터 운무가 눈앞에 가득하다. 쏟아지는 어마어마한 양의 물이 만들어내는 바람과 물보라에 온통 젖고 나면 압도적 감각을 몸으로 체험하게 된다.

늦은 밤 도착한 캠핑장은 스코가포스(Skógafoss)

폭포 옆 넓은 초지에 자리해 있었다. 저녁을 먹고 잠들 준비를 하자 묵직한 폭포 소리가 들렸다. 아침에서야 마주한 스코가포스는 여름인 탓에 떨어지는 폭포수 옆으로 초록이 잔뜩 묻어 있었고 꿈같은 선명함으로 맑고 영롱해 보였다.

#2. 빙하 위를 걷다! 스카프타펠(Skaftafell) 빙하 투어

우리는 미리 예약해 둔 스카프타펠 빙하 투어

장소로 향했다. 빙하 투어는 픽업 장소에서 개인 장비를 지급받고 단체로 버스를 타고 이동한다. 아무래도 얼음판 위를 걷기 때문에 전문 장비들 없이는 위험하다. 본격적인 투어 시작 장소에 가면 담당 가이드가 주의사항을 알려준다. 실제로 올라간 빙하는 예상과 달리 화산재가 섞여 검은 얼음덩어리 같다. 고개를 들어 전체를 보면 낯선 행성의 암석이 무연히 펼쳐진 감각을 선사한다. 인터스텔라의 촬영지로 선택된 이유를 알게 하는 풍경이었다.

체도 풍경이 멋져서 한참동안 우리들 사진도 남겼다. 둘째 날 밤은 근처 비크(Vik) 캠핑장에서 잠을 청했다.

#3. 퍼핀 안녕? 자연의 숨결 디르홀레이 (Dyrhólaey)

빙하 투어를 마치고 왔던 길을 되돌아가 비크 (vik) 근처의 디르홀레이로 향했다. 디르홀레이는 해안가 바로 옆 큰 암벽인데 아주 멋진 절경을 볼 수 있다. 개인적으로 아이슬란드 여행지 중 추천하는 장소 중 하나이다. 암벽 위에서 내려다보이는 해변을 보고 있으면 아찔함보다 황홀함으로 다가온다. 디르홀레이는 여름에 방문하면 아이슬란드의 야생 동물 퍼핀을 볼 수 있는 곳이다. 퍼핀은 바다오리과 동물로 철새다. 겨울이 되면 지중해 연안으로 이동하기 때문에 아이슬란드에서는 보기 어렵다고 한다.

막 디르홀레이에 오르면 퍼핀을 볼 수 없지만 안쪽 암벽으로 이동하면 퍼핀의 서식지가 보이기 시작한다. 더 가까이 가보니 디르홀레이는 퍼핀 천국이었다. 우리 모두 퍼핀을 카메라에 담느라 혼이 빠져있을 정도로 퍼핀의 생김새는 매력적이었다. 사진으로 보는 것처럼 오리와 펭귄을 섞어놓은 느낌이다. 디르홀레이는 장소 자

#4. 검은모래해변 레이니자라 비치(Reynisfjara Beach)

셋째 날 아침. 이제 조금씩 텐트와 캠핑장 시설 이용이 몸에 익어갔다. 비크(Vik) 캠핑장은 아예 취사를 할 수 있는 공간이 실내에 마련되어 있어서 더 좋았다. 아침식사는 라면으로 해결했다. 항상 느끼지만 캠핑장에서 먹는 라면은 늘 옳았다.

우리의 첫 행선지는 근처의 검은모래해변으로 잘 알려진 레이니자라 비치였다. 반가웠던 건 드디어 우중충한 날씨가 걷히고 화창해졌다는 것! 선글라스를 안 쓰면 눈이 부실 정도였다. 레이니자라 비치에서도 제주도에서 볼 수 있는 주상절리 같은 암벽을 볼 수 있다. 물론 제주도에 비해 해변의 스케일은 훨씬 더 컸다. 아이슬란드에 와서 처음으로 맑은 아침과 반짝이며 부서지는 파도를 앞에 두고 해변을 걸으니 순

간 감성에 젖었다. 아이슬란드의 풍경들은 항상 상상을 넘어섰다. 해변은 타르처럼 검었고 파도에 젖어 윤기가 흘렀다. 밀려드는 파도는 시야의 양끝을 벗어나 온몸으로 밀려들었다. 심하게 부는 바람에 갈매기들이 날아가지 않고 공중에 둥둥 떠다니는 모습을 볼 수 있었다.

#5. 여름 밤 아이슬란드의 화려한 불꽃놀이, 요쿨살룬(Jökulsárlón)

오늘의 하이라이트는 빙하가 둥둥 떠다니는 요쿨살룬이었다. 요쿨살룬에서는 빙하 근처를 보

트를 타고 둘러보는 투어 상품이 있는데 나와 J는 함께 체험하기로 했다.

사실 여행 일정을 요쿨살룬 방문 일정에 맞춰 조율했었는데 그 이유는 바로 1년에 한 번 열리는 요쿨살룬 불꽃놀이 때문이었다. 이 불꽃놀이는 별도로 입장료를 받는데 그리 부담되는 수준은 아니다. 한참을 달려 요쿨살룬 근처에 다다르니 이 많은 차들이 다 어디에 있었나 싶을 정도로 많은 차량들이 모여 있었다. 조금 여유 있게 도착해서 바로 맞은편에 있는 다이아몬드 비치(Diamond Beach)에서 해변에 흩뿌려진 빙하 조각들을 감상했다. 다이아몬드 비치 근처에

서는 물개도 심심찮게 볼 수 있다. 보트 투어를 경험한 입장에서 꼭 하라고 추천하지는 않는다. 투어를 하면 빙하 호수를 누비기 때문에 좀 더 가까이서 녹고 있는 빙하의 모습을 볼 수 있다. 중간에 빙하조각을 떼어 먹어보는 이색 체험도 있다. 투어를 마치고 불꽃놀이를 기다리는 동안 허기진 배를 채웠다.

해가 완전히 지고 어둑해질 때 즈음 요쿨살룬에 엄청난 인파가 모였다. 낮에도 많았지만 이번엔 더 많아졌다. 그야말로 축제. 국립공원 관계자가 불꽃놀이 입장권을 결제 받는다.

다시 들어간 요쿨살룬은 그야말로 장관이었다. 낮에 봤던 빙하들 사이사이 불꽃이 일렁이고 있었다. 그러고 나서 시작된 불꽃놀이는 한참을 요쿨살룬의 밤하늘을 불꽃들로 수놓았다. 태어나서 가장 낭만적이고 멋진 순간이었다. 이것만으로도 여름에 아이슬란드를 방문해야 할 이유는 충분할 징도로 인상 깊은 이벤트였다. 이 불

꽃놀이는 8월 중순에 열리니 이 부근에 아이슬란드를 여행한다면 사전에 불꽃놀이 일정을 꼭 확인하고 짜는 걸 추천한다. Ⓜ

*불꽃놀이 일정은 https://visitvatnajokull.is/ 에서 확인할 수 있다.

정창근

니콘포토스쿨, 잡코리아 등에서 일하다가 영상의 매력에 빠져 여행 영상을 찍기 시작했다. 유튜브에서 마미라의여행카메라, 마이미니라이프 등의 계정으로 활동 중이다. 여행을 다녀오면 그에 맞는 영상을 제작하는데 아이슬란드에서의 경험은 아직 완성되지 않았다. 다만 2분가량여행지의 인상을 기록하는 모먼츠 시리즈에 아이슬란드를 담았다. 'Moments of Iceland'로 검색하면 여름 아이슬란드의 매력을 확인할 수 있다.

"나의 우울증"
My depressions

phytoncide_21

저는 우울증과 공황장애를 앓고 있습니다. 정확한 진단명을 알게 된 것은 2019년 4월 정도입니다. 우울증은 초등학교 때부터 시작됐습니다. 학교생활 부적응으로 심한 따돌림을 당하게 되었고, 그때부터 자존감이 떨어지면서 우울증이 시작된 것 같습니다. 그땐 왜 그렇게 힘든지 몰랐습니다.

학교가 너무 가기 싫고 매일 집에 와서 우는 날이 많았습니다. 중학교에 입학하고 나선 담임선생님을 통해 상담선생님을 만날 수 있었습니다. 우울증이라는 것을 알게 되었고 상담사분과 담임선생님에게 의지해 학교를 다녔습니다. 하지만 여전히 우울의 원인은 알지 못했고 매일매일 알 수 없는 두통에, 분노에, 슬픔에 빠져 있었습니다. 삶 자체가 고통이었고 아무런 의미가 없었습니다. 중학교 3학년 때부터는 식이장애와 공황장애가 찾아왔습니다. 밥을 제대로 먹지 못해 선생님께 혼이 나기도 했고, 학교에 가려고 하면 심장이 두근거려 반에서 숨을 쉬지 못하기도 했습니다.

고등학교 때까지 증상이 지속됐지만 다행히 대학교에 입학할 수 있었습니다. 하지만 수업을 듣는 도중, 자살·자해라는 단어를 듣고 심장이 미친 듯이 뛰기 시작했고 구토가 나오면서 숨이 막혔습니다. 그 후에는 강의실에 들어가기만 하면 숨이 막혀 수업도 제대로 듣지 못하는 상태가 되었습니다. 식이장애와 함께 증상이 심해져 제 삶은 피폐해져만 갔습니다. 자꾸 누군가 "죽어, 죽어"라고 말하는 소리가 들리고, 일상생활을 기억하지 못하게 되었으며, 무의식적으로 죽음을 검색하는 등 나 자신을 컨트롤 할 수 없을 정도로 두려움에 가득 차 버렸습니다.

견딜 수 없어서 학교 내 상담센터를 찾아가게 되었습니다. 선생님은 제게 너무 위험해 보이는 상태이고 불안해 보인다고 말씀하셨습니다. 약물 치료를 동반해야 한다는 말씀에 심각하게 망설여졌습니다. 아직 경제적으로 독립한 상태가 아니기 때문에 병원에 다니는 비용은 부모님이 부담하셔야 했습니다. 부모님이 제 상태를 알고 상처받으실까 두려웠습니다.

고민 끝에 엄마에게 사실대로 이야기했고 치료를 받기 시작했습니다. 엄마를 위해서라도 치료를 열심히 받고 열심히 살자고 생각을 하게 됐습니다. 일주일에 한 번 또는 두 번 상담을 받으면서 선생님께 숨김없이 기억나는 대로 저의 증상과 일상을 얘기했습니다. 처음에는 저 자신과 마주한다는 것이 굉장히 힘들고 도망치고 싶었습니다. 나의 바닥은 어디까지인가 더 내려갈 곳이 있을까, 나아질 수 있을까 하는 생각에 사로잡혀 힘들었습니다. 그렇게 방황을 하던 중 어느 순간부터 선생님과 함께하는 상담시간이 저의 일과 중 가장 안정이 되는 시간이라고 느껴졌고 그 덕분에 제 자신에 대해 말하는 것, 알아가는 것에 대해 거부감이 줄어들기 시작했습니다. 더 나아가 상담에 흥미를 느꼈고 더 나아지려고 노력하게 되었습니다. 가장 먼저 상담 선생님이 권유해 주신 방법들 중 간단한 것부터 시작했습니다. 순간의 기분을 적는 것, 그날 행복했던 것, 슬펐던 것. 그날의 하루를 돌아보면서 조금이라도 옮겨 적었습니다. 그리고 몸이 많이 힘들었지만 조금이라도 음식을 먹기 시작했습니다. 음식의 양과 상관없이 식사를 하면 제 자신에게 칭찬을 해줬습니다. 더 나아가 다른 것에도 칭찬을 해주는 습관을 들여 무언가를 하고 싶게 만드는 원동력으로 삼았습니다.

순탄치만은 않았습니다. 시련도 왔습니다. 중간중간 우울이 오고 강박이 생겨 목표대로 되지 않으면 실패자 같고 쓸모없는 인간이 된 기분이 들었습니다. 그러던 중 같은 경험이 있는 어느 작가님을 알게 되었고 큰 힘을 얻게 되었습니다. 희망이 생기고 살아가고 싶다는 생각이 들었습니다. '오늘 하루, 내일, 모레 더 살자', '이왕이면 즐겁게 그리고 다른 사람에게 도움이 되는 삶을 살자'하고 생각하게 됐습니다. 간호학과인 전공을 살려 정신전문 간호사가 되겠다는 꿈도 생겼습니다. 힘든 사람들 옆에 있어 주고 싶어서입니다. 많이 부족하지만 글도 쓸 생각입니다. 제 아픔을 누군가에게 알려서 그 사람이 자신을 이상하게 생각하지 않도록, 주변에 이런 아픔을 가진 사람이 있어도 편견 가득한 시선으로 보지 않도록, 인식개선을 위해 글을 쓰려 합니다. 그 꿈을 위해서 더 열심히 살아가려 합니다.

백자인

안녕하세요. 저는 졸업을 앞두고 취업과 미래에 고민이 큰 대학생입니다. 행복한 일도 많았지만, 작년 한 해는 저에게 너무나 정신없이 힘든 한 해였어요.

중요한 면접을 앞두고 잠수 이별을 경험했어요. 자기만 옳다고 말하는 사람이었지만 헤어지잔 말도 못 듣고 끝날 줄은 몰랐어요. 그동안 이 사람을 위해 한 노력과 제가 겪은 고통이 너무 부질없었다는 느낌에 착취당한 기분이 들기도 했고요. 1학기에는 일할 때 어려움을 겪었어요. 하나는 조별 과제 문제였고, 또 하나는 대학 언론을 하면서 겪었어요. 그들의 무능력함과 무책임한 태도를 견디기가 참 힘들었죠. 그래도 고생스러웠지만 이를 다 마치면서 성적과 장학금, 미술관에서 일할 기회도 지켜낼 수 있었습니다. 여러 사정과 마음으로 이를 꾸역꾸역 이어 나가야 해서 상담의 도움을 받기 시작했어요.

미술관에서 일을 시작하고, 사회생활의 쓴맛을 보았어요. 처음 하는 일이 서툴러서 힘들었고, 일관성 없고 제각각인 과도한 요구들은 이해가 되지 않았고 모두 만족시킬 수가 없었어요. 일을 하면서는 원인 모를 통증이 오기도 했어요.

CCTV처럼 그저 서 있는 역할만 하는 게 무의미한 일이라고 느끼면서도 통증 때문에 잘 해내지 못한다는 사실은 받아들이기 힘들었죠. 결국 대학병원까지 가게 됐고 퇴사 권유를 받기까지 했어요. 그만두는 것도 쉬운 일은 아니더라고요. 미술관에서는 받아들이지 않는 눈치였고 부모님은 세상 사람들 모두 힘들다며 이해하지 못하셨고요. 버티고 견뎌서 결국 마무리하긴 했지만, 대학병원 정밀 검사를 하고 나서 최악의 경험을 했어요. 의사 선생님은 바로 입원을 해야 한다고 권유하시며 마비, 철심 같은 이야기들을 하셨고 저에게는 충격으로 다가왔어요.

이날을 기점으로 이어오던 뭔가가 뚝 끊긴 것처럼 이성을 유지하기가 힘들어졌어요. 잘하려고 했고, 책임감 있게 행동하려고 했던 제 노력이 결국엔 건강을 축내게 했던 것 같았죠. 모든 내 행동과 선택의 결과가 지금이란 생각이 들었어요. 그것 역시 제가 선택했다는 점에서 저 자신의 책임일 수밖에 없으니까요. 일부 사람들이 저에게 가혹했고, 환경이 부당했음을 알고 있었지만, 저를 내버려 둔 건 결국 저 자신이잖아요. 신념과 성과만 쫓고 자신을 지키지 못했다는 게 큰 슬픔으로 다가왔어요.

제 마음이 제 것 같지 않았어요. 폭풍이 밀려들어 왔고 저는 그 속에 있는 것처럼 감정 속에서만 가만히 남아 있었죠. 대중교통에서도 사람들이 보는 것 따윈 신경도 못 쓸 정도로 눈물이 계속 났었어요.

아픈 이후로는 수습할 일들을 감당하기 어려웠어요. 오진으로 치료 방향이 붕 뜨기도 하고, 아프고 나약한 제 상태를 틈타 이용하려는 사람들과 갈등을 겪기도 했어요. 좋은 기회가 많았는데 놓친 것도 아쉬웠어요. 최근에는 알바를 할 수

있는 친구가 부러울 정도예요. 건강할 때는 당연했던 일들이 이제는 많은 제약이 생겼거든요.

저의 우울은 작은 물방울들이 지속해서 내리쳐 뚫린 바위 같아요. 우울함이 몸이 아프고 나서 시작됐다고 생각했어요. 하지만 그동안의 일들이 눈덩이처럼 구르고 커져서 감당할 수 없게 돼서 제가 무너져 내린 것 같아요. 최근에 상담을 웃으면서 잘 마쳤고, 몸은 여전히 멈춰 있어야 해서 아쉽고 슬픈 마음이 들지만 나 자신을 달래면서 이겨내려고 하는 중입니다. Ⓜ

"나의 우울증"
"My depressions" – Comments

우울증이 항상 내 옆에 있다고 생각했어요. 그런데 옆이 아닌 나라는 사람 그 자체였어요. 처음 자해를 하고 정신과에 가게 됐어요. 주변 사람들에게 기대고 싶고 나도 빨리 괜찮아지고 싶었어요. 지인들에게 제 우울을 이야기했고 알아차리지 못한 자기가 미안하다고 언제든 얘기하라고, 힘이 돼주겠다고 했어요. 오래 지나지 않아 언제까지 이런 이야기를 들어야 되냐는 말을 들었어요. 그제야 기대려하면 다른 사람들이 나 때문에 힘들다는 걸 알았죠. 그때부터 혼자였어요. 이제 벗어날 수 없다는 사실을 알아요. 살고 싶다는 생각이 들 때가 가장 죽고 싶어요.

@hyunsub_

저에게 우울이란 끝없는 늪 같아요. 마치 커다란 괴물이 저를 잡아먹는 것 같죠. 이때 할 수 있는 것은 아무것도 없어요. 침대에서 나오는 것조차도 힘들고 겨우 겨우 몸을 추스르고 나와도 울면서 보내는 나날들의 연속입니다. 우리는 하루를 살아내는 것 자체가 기적이에요. 쏟아지는 자살충동과 우울들 속에서 하루를 버티는 것 자체가. 오늘 하루도 자해를 안 하고 버텼다는 것 자체만으로도 충분히 칭찬받을 수 있는 존재라고 생각합니다.

칸나(@cacannnaaa)

우울증이란 오래된 과거의 복수다. 우울증은 한 번 큰 충격으로 오기보다 과거의 트라우마, 상처들이 쌓여 있다가 어느 사건을 통해 발현되는, 내가 돌보지 못한 과거가 일제히 나를 향해 쏟아내는 복수의 외침이다. 앤드류 솔로몬도 우울증을 철제 건물이 조금씩 부식되면서 무너지는 데에 비유했다. 한순간에 무너지는 것처럼 느껴질지라도 녹스는 것이 조금씩 축적돼서 벌어지는 일이라고 했다. 내가 의도치 않든 의도했든 마음속 어딘가에 막아 놓은 상처, 씻을 수 없는 기억들이 이제 본체인 나를 부식시키는 것이다.

@mmm_est

제가 생각하는 우울증은 항상 슬픈 것만은 아니에요. 일도 하고 보람도 느끼고 모임도 나가고 평소엔 정상적인 생활을 해요. 그런데 갑자기 그런 순간이 와요. 혼자 있으면 외롭고 공허하고 슬픈 생각이 들면서 이유 없이 눈물이 나요.

이수빈

우울증은 '쉼표'라고 생각해요. 더 이상 어려움 속에 있을 힘이 없으니 더는 힘들게 만드는 곳에 몸이 가지 못하게 하는 거죠. 지나가길 바라면서 가만히 생각을 많이 하게 됐어요. 그동안 고집하거나 당연하다고 생각한 것들도 다시 생각해보게 만든 시간이었던 것 같아요.

백자인

한국형 조울병 선별검사지
The Korean Version Mood Disorder Questionnaire (K-MDQ)

*1단계 13개 문항 중 7개 이상에서 "예"라고 답하고, 2단계에서 "예", 3단계에서 중등도 이상의 기능장애가 초래될 경우 높은 확률로 양극성 장애일 수 있습니다.

*질문지의 결과가 조울병에 대한 진단을 의미하는 것은 아닙니다. 정확한 진단을 원하신다면 정신과 전문의와 상담을 권합니다.

*출처: 「고등학생을 대상으로 한 양극성 장애의 선별검사」, 배승오·윤보현·박원명·김문두·김희철·서정석·석정호·우영섭·이정구·최명수·김태운·홍정완, 2009

과거에 있었던 기분의 변화를 조사하는 질문입니다(현재 상태를 평가하는 것이 아닙니다).

1	다음처럼 당신은 평소의 자신과는 달랐던 적이 과거 (예전)에 있었습니까?	예	아니오
	기분이 너무 좋거나 들떠서 다른 사람들이 평소의 당신 모습이 아니라고 한 적이 있었다. 또는 너무 들떠서 문제가 생긴 적이 있었다.		
	지나치게 흥분하여 사람들에게 소리를 지르거나, 싸우거나 말다툼을 한 적이 있었다.		
	평소보다 더욱 자신감에 찬 적이 있었다.		
	평소보다 더욱 잠을 덜 잤거나, 또는 잠잘 필요를 느끼지 않은 적이 있었다.		
	평소보다 말이 더 많았거나 말이 매우 빨라졌던 적이 있었다.		
	생각이 머리 속에서 빠르게 돌아가는 것처럼 느꼈거나 마음을 차분하게 하지 못한 적이 있다.		
	주위에서 벌어지는 일로 쉽게 방해 받았기 때문에, 하던 일에 집중하기 어려웠거나 할 일을 계속하지 못한 적이 있었다.		
	평소보다 더욱 에너지가 넘쳤던 적이 있었다.		
	평소보다 더욱 활동적이었거나 더 많은 일을 하였던 적이 있었다.		
	평소보다 더욱 사교적이거나 적극적 (외향적)이었던 적이 있었다 (하나의 예를 들면, 한밤중에 친구들에게 전화를 했다).		
	평소보다 더욱 성행위에 관심이 간 적이 있었다.		
	평소의 당신과는 맞지 않는 행동을 했거나, 남들이 생각하기에 지나치거나 바보 같거나 또는 위험한 행동을 한 적이 있었다.		
	돈 쓰는 문제로 자신이나 가족을 곤경에 빠뜨린 적이 있었다.		
2	만약 위의 질문 중에서 하나 이상 예라고 했다면, 그 중 몇 가지는 같은 시기에 벌어진 것입니까? 　　　　　예　　　　아니오		
3	이러한 일들로 인해서 어느 정도의 문제가 발생했습니까? 예를 들어 일할 수 없었다 : 금전적 문제, 법적 문제 또는 가족 내에 분란이 생겼다 ; 말다툼하거나 싸웠다 등.. (다음 중 하나만 표시하십시오) 　　　　문제 없었다　　경미한 문제　　중등도의 문제　　심각한 문제		

한국형 조울병 선별검사지-청소년용
Korean version of Mood Disorder Questionnaire-adolescent, (K-MDQ-A)

본 질문지는 기분상태를 평가하여 댁의 자녀의 정신건강에 도움을 주고자 제작되었습니다.

각 질문을 읽으시고 해당되는 내용에 예 또는 아니오에 표시해 주십시오

(본 질문지는 현재 상태를 평가하는 것이 아니며, 과거에 있었던 기분의 상태를 조사하는 질문입니다.)

1. 여러분의 자녀가 평소와는 다른 아래의 모습을 1주일 또는 그 이상 보인 적이 있다면 예에 V표 합니다.

	예	아니오
▶ 평소와 달리 기분이 너무 좋거나 흥분되어 보였다.	☐	☐
▶ 평소와 달리 지나치게 과민해져 사람들과 싸우거나 말다툼을 했다.	☐	☐
▶ 평소와 달리 무엇이든 할 수 있을 것 같은 자신감을 보였다.	☐	☐
▶ 평소와 달리 잠을 적게 자려고 했다.	☐	☐
▶ 평소와 달리 머리 안의 생각이 빠르고 많아 보이고 생각을 차분하게 하지 못했다.	☐	☐
▶ 평소와 달리 주위자극에 쉽게 산만해졌다.	☐	☐
▶ 평소와 달리 더욱 에너지가 넘쳤다.	☐	☐
▶ 평소와 달리 더욱 활동적이었거나 더 많은 일을 하였다.	☐	☐
▶ 평소와 달리 동시에 여러 명의 이성 친구와 교제했다.	☐	☐
▶ 평소와 달리 성(性)에 대한 관심이 많았다.	☐	☐
▶ 평소와 달리 위험하거나 무분별한 행동을 많이 했다.	☐	☐
▶ 평소와 달리 돈을 지나치게 많이 썼다.	☐	☐
▶ 평소와 달리 음주를 하거나 안 좋은 약물을 먹거나 흡입했다.	☐	☐

총점수_____

2. 만약 위의 자녀에 대한 질문 중에서 두 개 이상 예라고 표시했다면 그런 모습은 동시에 있었습니까?

예☐ 아니오☐

3. 이러한 일들로 인해서 자녀에게 어느 정도의 문제가 발생했습니까? 다음 중 하나만 표시하십시오.

(예를 들어, 학교문제, 성적저하, 가족과 친구 사이의 문제, 법적 문제 등)

문제없었다☐ 경미한 문제☐ 중등도의 문제☐ 심각한 문제☐

마음의 아픔을 겪고 있는 당신이 지금 당장 해야 할 일
– 우울증 대처 매뉴얼 A to Z

Things You Should Do Right Now If You Are In Emotional Pain: All About Depression

상처를 극복하지 못하고 슬픔에 갇히면 세상은 어둠이 된다. 아무리 헤아려 봐도 현실을 벗어날 방법은 찾을 수 없고 긴 침묵만이 함께 할 뿐이다. 우울. 조울. 공황 등 아픔을 겪으면 나 자신이 아니라 질환이 인생의 중심이 된다.

끔찍한 과거를 돌아보면 신이 나를 저주한 것만 같고 앞으로도 고통은 지속될 것처럼 보인다. 어느 날부터는 수시로 생을 마감할 생각만 떠올리고 있는 자신을 발견한다. 마치 불치병에 맞닥뜨린 것처럼 '왜 내가 이런 일을 겪어야만 하는지', '누가 나를 이렇게 만들었는지', '잘못한 사람은 누구인지'를 고민하다 보면 인생을 설계해야 하는 중요한 시기를 절망으로 가득 채우고 만다. 그리고 그 절망은 다시 아픔의 연료가 된다. 급기야 실패한 과거는 자주 꺼내보는 낡은 바이블이 되어 계시적 예언이 된다.

하지만 우리가 겪고 있는 일은 저주나 예언이 아니다. 무소불위의 절대자가 수십억의 인구 중 당신만을 위해 준비한 가시밭길이 아니다. 당신에게 진리의 세계를 보여주기 위해 준비한 특별한 고통이 아니다. 우울증은 수많은 신체 질환 중 하나일 뿐이다. 골절상이나 타박상이 뼈나 피부에 대한 압력으로 일어난 결과이듯 우울증은 우리의 뇌에 문제가 생겨 발생하는 것이다. 다른 병증들이 그런 것처럼 우울증과 정신질환은 역사적으로 무수히 많은 사람들이 겪은 일이며 사회문화적으로 그리고 병리학적으로 상당한 발전과 진전이 있었다.

그럼에도 우리는 유독 정신적 문제에 대처하는 방법을 잘 알지 못한다. 골절은 깁스를 통해 뼈를 붙게 만들면 되고 타박상은 피부가 재생하도록 도와주면 되는 것처럼 다른 신체 질환들은 상대적으로 명확한 치료 방법이 구축되어 있고 사회 일반에서 상식적으로 받아들여진다. 무엇보다 병원에 가는 순간 환자가 다른 방법을 강구하지 않아도 치료의 메커니즘이 자동적으로 진행된다. 진료-진단-치료-수술-완치 등의 과정이 자연스럽다. 환자가 개입할 여지가 없으며 개입할 경우 오히려 치료 과정을 복잡하게 만드는 불필요한 행동이 된다.

정신과에서는 진단을 받으면 그때부터 혼란이 시작된다. 원인이 무엇인지, 언제 완치가 될 수 있는지, 어떤약을 먹어야 하는지 정확하게 알 수 있는 것은 거의 없다. 다수의 사람들에게 잘 맞는 약이 유독 나에게만 맞지 않는 경우도 있고 오히려 다른 스펙트럼의 약물이 효과가 있어 특정약물을 통해 새로운 진단을 찾아내는 일도 발생한다. 또한 향정신성 약물의 특성상 부작용의 체감이 뚜렷한 편이다. 붕 뜬 기분이 어색할 때도 있고 꼬박 하루 종일 잠을 자거나 자지 못하기도 한다. 어떤 약물은 식욕이 떨어지게 하며 구역감을 동반한 소화불량을 일으킨다. 어떤 약물은 충동성을 부추기는 부작용을 겪게 한다. 자기 자신에 대한 이질감을 느끼고 혼란에 빠진 환자들은 여러 약물을 시도하면서 특별한 경험을 하게 된다. 몇 개월간 뇌와 신체는 부작용의 폭죽이 만발하는 불꽃놀이의 현장이 된다.

가장 어려운 것은 자기 자신에 대한 의문이다. 그때까지 당연하다고 생각한 나 자신이 거대한 물음표로 다가온다. 주변의 경험자들에게 구조 요청을 보내보지만 소용없다. 몇몇 사람들은 정신과에 다니면서도 자신의 진단명이 무엇인지조차 정확히 알지 못한다. 자신이 먹고 있는 약이 무슨 작용을 하는지 모르는 사람들도 많다. 오히려 본인 증상의 심각성을 내세우며 훈수를 두기도 한다. 가족들은 죄책감을 감추기 위해 비난을 하거나 도리어 느긋하게 회피하는 모습을 보이기도 한다.

어떻게 해야 할까. 매뉴얼이라는 게 있긴 한 걸까? 그런 것이 존재하지 않는다면 문제를 발견한 사람들은 모두 지금처럼 자아와 질환의 모호한 경계를 오가면서 혼란스러워해야 하는 걸까? 또 나와 타인에게 자책과 원망의 불쏘시개를 들쑤시는 일을 반복해야 할까? 공적인 매뉴얼이 없다면 사적인 경험담이 조금은 도움이 될 수 있을 것이다. 내가 과거로 돌아간다면 대처했을 방법을 기록해 둔다면 어쩌면 누군가에겐 도움이 될 수 있지 않을까. 그러기 위해선 처음으로 돌아가야 한다.

1 정신과를 가야만 하는 사람?

우울하지만 떡볶이는 먹고 싶다면 정신과에 가야만 할까? 정신과를 가야 하는 사람과 가지 않아도 되는 사람은 어떤 차이가 있을까? 정신과 진료를 고민하고 있다면 그리고 주저하고 있다면 한 가지 명확한 기준을 기억해야 한다. 정신과 의사들이 치료를 권유하는 조건 중 가장 확실한 것은 당사자가 사회적, 신체적 기능을 잘 유지하고 있느냐이다.

매일 우울감에 빠지지만 학업 성적이 좋고 연인과 관계가 돈독하며 직장 생활에 무리가 없다면 좀 더 신중하게 생각할 필요가 있다. 우울증 및 정신질환의 치료는 우리 뇌의 각종 호르몬 분비를 조절해 환자가 정상적으로 기능하게 하는 데이다. 그러므로 단순한 우울감과 지나친 걱정으로 정신과에 갈 경우 혹 떼러갔다가 혹 붙여 오는 결과를 초래할 수 있다. 다른 신체 질환과 달리 정신과 질환은 신체를 통해 진단을 하지 않는다. 자신 신체의 부정적 사인을 과장하고 비관적으로 생각한다면 부정확한 진단으로 이어지는 것도 가능한 일이다. 그러니 가장 중요한 기준은 자신이 전처럼 잘 '기능'하고 있는지를 확인하는 것이다.

다만 자신의 상황을 객관적으로 바라보고 있는지에 대한 점검이 필요하다. 연애에 실패하고 직장 생활에 어려움을 느끼며 성적이 떨어진다면 그건 이상한 일은 아니다. 대부분의 사람들이 어려운 상황에 마주하기 때문이다. 그러니 '내가 지금 얼마나 힘든 상황에 있는지'에 집중하는 것이 아니라 '과거에는 이런 일에 어떤 방식으로 대처했는지'에 대해 생각해 봐야 한다. 만약 당신이 과거 실패했을 당시 적절한 소통과 자기관리를 통해 항상 잘 극복해왔다면 현재의 무너진 상황은 위험 사인일 수 있다. 과거에는 몇 개월이 걸렸을지언정 몸을 일으켜 다시 시도했었지만 현재는 어떤 노력을 해도 움직일 수 없는 상황이라면 그건 우울증의 강력한 증거가 된다.

그렇다고 해도 절망의 낙차는 상대적으로 크게 느껴진다는 점을 감안해야 한다. 우리는 좋은 일보다 나쁜 일에 더 반응하고 절망적 사건에 더 예민하다. 몇 개월 전까지 일상이 나쁘지 않게 흘러왔고 성취한 일들이 많았다고 해도 당장의 사소한 문제에 대해 훨씬 더 절망적으로 느끼는 것이다. 전과 달리 내가 할 수 없는 일들을 꼽아봐야 한다. 예를 들어 아침에 출근을 하지 못해 월차를 쓴다면 그리고 그 횟수가 많아져 자신의 일상이 위태로워진다면 그때가 병원에 가야할 때이다.

2 정서적 지지 자원을 최대한 확보할 것

당신이 우울증, 조울증, 공황장애 등의 진단을 받았다면 가장 먼저 해야 할 일이 있다. 내가 갖고 있는 질환에 대해 공부하기 이전에 그리고 어떻게 치료해야 하는지 고민하기 이전에 당신 주변에 있는 인간관계를 살펴야 한다. 가족, 친구, 연인 등, 내가 어려움에 처했을 때 나의 이야기를 있는 그대로 들어주고 이해해줄 사람이 얼마나 있는지 꼽아봐야 한다.

당신을 좋아하는 사람이 주변에 많이 있고 어떤 문제도 이해하는 사람이라면 당신은 최고의 면역을 갖고 있는 축복받은 사람이다. 앞서 말했듯이 중요한 것은 우리가 적절히 기능하고 있는지이다. 사회적으로 기능한다는 것은 타인과 좋은 관계를 잘 유지하는지로 판단할 수 있다. 이 세상을 살아가는 그 누구도 단독적으로 평가받지 않는다. 우리가 누군가를 판단할 때 그 사람이 어떤 행동을 하는지가 아니라 어떤 관계를 만드는지로 판단한다. 만약 당신이 10명 내외의 직원이 있는 회사에서 완벽한 괴짜이며 상종하지 못할 사람으로 평가받는다고 해도 주변 10명의 사람이 당신을 이해하고 받아들여 준다면 그건 당신이 충분히 잘 기능하고 있고 잘 살아가고 있다는 증거가 된다. 그러므로 반대로 당신을 사랑하고 당신을 이해하는 사람의 총량을 늘린다면 당신은 그만큼 타당한 존재이며 보통의 사람보다 더 나은 인격을 갖고 있는 사람으로 정의하는 것도 가능하다는 얘기다.

3 주변 사람을 내 고통의 인질로 삼지 않을 것

하지만 그런 사람이 애초에 정신적 문제를 겪는 일은 잘 일어나지 않는다. 당신이 정신과를 찾아가고 질환을 진단 받았다면 아마 그만큼 외롭고, 힘들고, 자원이 바닥나고, 비틀린 세상을 마주했기 때문일 것이다. 그렇다고 해도 주변에 사람이 단 한 명도 남아 있지 않은 사람은 없다. 잘 찾아보면 나를 일부라도 이해해주는 사람은 분명히 있다. 먼저 당신이 친구라고 생각하고 소중하다고 생각하는 사람들이 당신의 진솔한 모습을 거부할 거라고 무턱대고 생각하지 않아야 한다. 나와 타인을 바꿔서 생각하는 게 도움이 된다. 내가 만약 나의 친구라면 내가 힘들어 하는 일들을 털어놓는다고 해서 나를 싫어하게 될까? 그렇지 않다고 생각되면 최대한 주변 사람들에게 도움을 요청해야 한다.

명심해야 할 것이 한 가지 있다. 당신 주변의 사람들은 당신의 고통과 자학을 책임져야 하는 인질이 아니라는 점이다. 그게 가족이라고 할지라도 마찬가지다. 자녀 입장에서 좋은 부모를 원한다면 부모 역시 좋은 자녀를 원한다. 고통스러운 상황은 피하고 싶어 하는 게 모든 사람들의 기본적인 입장이다. 힘이 든다고 해서 또 죽음을 생각하고 있다고 해서 다른 사람들이 당신을 도와줘야 하는 필연적 이유가 있는 건 아니다. 당신 주변의 사람들도 당신처럼 자신의 아픔이 가장 중요한 사람들일 뿐이다. 그 아픔이 당신보다 사소한 것일지라도 타인의 죽음보다도 소중하다. 그러니 자기연민으로 다른 사람의 감정을 소모하게 만들려는 생각은 애초에 접어 두는 편이 좋다.

쉽지는 않다. 경계를 정하는 게 특히 어렵다. 누군가는 내 토로와 호소를 아무렇지 않게 받아들이지만 어떤 사람들은 심지어 비웃음을 보낼 수도 있다. 그러니 결국 자신의 몫이다. 요령도 필요하고 절제도 필요하다. 일부 사람들에게는 모든 것을 내려놓고 울음을 터뜨려도 좋지만 일부에게는 적정한 선을 지켜야 한다. 그렇게라도 누군가가 옆에 있다는 것은 큰 힘이 된다. 그러니 당신은 이 가용한 자원을 절대적으로 지킬 필요가 있다.

자신의 고통을 토로하는 것보다는 다른 사람의 마음을 살피는 일이 차라리 더 도움이 된다. 마음의 아픔이 있는 사람들은 자신의 고통에 집중하는 경향이 있다. 그래서 다른 사람들보다 타인의 감정이나 마음을 살피지 못한다. 나의 고통이 아니라 마주한 타인의 입장을 생각하자. 그가 필요로 하는 건 무엇인지? 그는 무엇을 생각하고 있는지? 그가 소중하게 생각하는 것은 무엇인지 자문해야 한다. 최대한 노력해야 다른 사람만큼 할 수 있다. 또한 다른 사람을 챙겨주고 위해 주는 일을 할 때 우리도 고통에서 조금은 벗어날 수 있다. 친밀한 관계가 형성되면 그 관계 자체에서 많은 힘을 얻게 된다. 좋은 관계를 만들어간다면 우리의 상황도 조금씩 변하기 시작할 것이다. 그러니 아픔을 토로하기보다 상대방과 무엇을 할 수 있을지를 생각하자. 그와 함께 카페에 갈 것인지, 영화를 볼 것인지, 운동을 할 것인지. 그가 좋아하는 일을 함께 하다 보면 분명 서로 배려할 수 있는 관계가 만들어질 것이다.

4 정신과 의사는 스승이 아니다

우울증으로 치료를 받는 사람들이 흔히 하는 착각이 있다. 정신과 의사가 진심 어린 상담으로 자신을 이끌어 주고 이 상황을 벗어나도록 구원해 주리라는 기대이다. 현실은 그렇지 않다. 정신과 의사는 다른 사람을 치료하는 일을 직업으로 삼고 있는 사람이다. 특히 치료에 있어서 상담의 비중은 그리 크지 않다. 의사의 역할은 당신이 무슨 일을 겪고 있는지 정확히 판단하고 치료에 도움이 되는 약을 처방하는 것이다. 그리고 환자가 결과적으로 더 좋은 상황이 될 수 있도록 돕는다.

정확히 말하자면 의사는 당신의 아픔에 공감하고 삶을 사랑할 수 있도록 돕는 멘토가 아니다. 당신 인생에 일어난 엄청난 불행과 기구한 풍파를 아무리 드라마틱하게 전달한다고 해서 그가 감동하거나 슬퍼하거나 전적으로 공감하는 일은 일어나지 않는다. 그런 의사가 있다면 자신의 역할을 제대로 수행하지 못하고 있는 것이다. 정신과 의사는 환자에게 감정적으로 개입하지 않고 정확하게 질병을 진단하고 치료해야 한다. 또한 그들은 온갖 아픔을 겪는 사람들을 하루에 수십 명씩 만나는 사람이다.

당신은 의사에게 공감이 아니라 의료 서비스를 받아야 한다. 정신과는 다른 분과보다 진단의 어려움이 있다. 언어적 진술을 통해 진단을 내려야 하기 때문에 그렇다. 환자들은 자신의 상황이 어떤지 감정적인 서술보다는 사실을 가감 없이 전달할 필요가 있다. 창피와 수치 혹은 자존심 등을 이유로 겪은 일을 말하지 않을 경우 정확한 진단과 치료가 이루어지지 않을 수도 있다. 너무 과한 기대는 하지 않아야 한다. 대신 의사를 도와야 한다. 새로운 문제를 겪고 있지만 의사가 머뭇거릴 경우에는 적극적으로 어필해야 한다. 나아진 점이나 나빠진 점이 있다면 분명하게 전달해야 한다. 그래야 의사가 나의 상태에 대해 정확히 인지하고 더 나은 방향을 고려할 수 있다.

5 신중하고 끈질기게 자신에게 맞는 약물을 찾을 것

자신에게 맞는 약을 찾는 과정은 생각보다 쉽지 않다. 정신과 약물은 작용 기전이 정확하지 않은 편이다. 또한 어떤 약물이 어떤 역할을 하는지에 대해서는 분명하게 밝혀져 있지만 호르몬의 변화로 인해 개개인에게 어떤 변화가 있을 수 있는지는 예측할 수 없다. 예를 들어 우울감을 줄이기 위해 세로토닌을 늘려주는 세로토닌 재흡수 억제제를 처방한다고 하자. 이때 당신의 뇌에서 세로토닌의 영향이 늘어날 것이라는 점은 분명하다. 하지만 전과 다른 기분으로 당신이 보다 적극적으로 되었을 때, 당신에게만 나타나는 행동의 변화에 대해서는 예측할 수 없다.

기전이 동일한 약물이 환자마다 다른 반응을 일으키기도 한다. 다른 사람에게 나타나는 부작용이 누군가에는 일어나지 않는 경우도 많다. 반대로 희박한 확률로 나에게만 일어나는 부작용도 있다. 다른 사람에게 큰 도움이 되는 약이 나에게는 별다른 반응이 없을 때도 있다. 그럴 때는 적극적으로 맞는 약을 찾아야 한다. 당신이 이미 정신과에 진단을 받으러 왔다면 그리고 치료하기로 마음먹을 정도로 생활에 큰 불편을 느꼈다면 현재 할 수 있는 방법을 모두 동원해야 한다.

다만 신중해야 한다. 약간의 부작용만으로 의사가 처방한 약을 쉽게 포기해선 안 된다. 의욕이 사라졌다고 다른 약으로 빨리 대체해서도 안 된다. 무엇보다 문제를 벗어나고 싶어 하는 마음에 섣불리 먹고 있는 약을 중단해서는 안 된다. 정신질환은 어차피 장기전이다. 이왕 치료를 시작했다면 끈질기게 물고 늘어져야 한다. 약물의 도움을 받기로 했다면 자신에게 맞는 약을 찾아야만 한다. 또한 의사가 부작용에 대한 설명을 충분히 해주지 않을 경우 해당 약물의 부작용이 무엇인지 정도는 스스로 찾아봐야 한다. 위약효과도 고려해야 할 사항이다. 일반적으로 플라시보 효과는 긍정적 효과만 가져온다고 생각하지만 부작용의 플라시보 효과도 상당히 많이 일어난다. 약을 통해 잠깐 부정적인 반응이 생겼다고 해서 포기해서는 안 되는 이유다.

6 심리상담 치료를 병행할 것

'우울할 땐 뇌과학'이라는 책에서 저자 앨릭스 코브는 심리치료가 다양한 방식으로 우리 뇌에 도움을 줄 수 있으며 정신과 약물과 다른 방식으로 작용한다고 설명했다. 약물 치료와 함께 심리상담 치료를 병행해야 하는 이유는 또 있다. 위에서 언급했듯이 정신과 의사는 환자와의 상담이 아닌 약물을 통해 치료한다. 자신의 문제에 대해 충분한 시간을 두고 주기적으로 깊이 있는 이야기를 나눌 대상은 사실상 심리상담사가 유일하다. 당신 주변의 사람들은 당신의 고통에 직접적인 책임이 없다. 있다고 해도 그들이 당신의 모든 상처를 고려해주는 것은 아니다. 그러니 당신의 고통과 고통의 원인, 당장의 슬픔에 대해 토로하고 싶다면 그리고 해소하고 싶다면 심리상담사를 찾아가는 것이 좋다.

정신과와 달리 심리치료는 당신의 신체가 아닌 사고와 인지를 통해 행동을 변화시키는데 도움을 준다. 사소한 일에 너무 큰 의미를 부여하거나 타인들이 자신을 나쁘게 보고 있다는 잘못된 믿음이 있다면 치료적 수정을 통해 개입한다. 상담 역시 치료의 과정이기 때문에 당신의 이야기에 집중해주지 않을 수 있다. 또한 당신의 생각을 섣불리 교정하려고 하고 무성의한 일반론 혹은 심리학적 지식으로 개입하려 할 수 있다. 심리상담사는 일반적으로 우리보다 정신과 심리에 대해 많은 지식을 갖고 있다. 하지만 그 지식을 통해 당신을 원하는 대로 규정하고 개별적 상황을 무시한다면 과감히 다른 치료사를 찾아 나서야 한다.

독립서적으로 세상에 나와 기성 출판사를 통해 다시 출판된 '정신과는 후기를 남기지 않는다' (전지현)라는 책은 우리가 갖고 있는 고정관념을 흔든다. 책의 제목대로 실제로 정신과에 대한 후기는 찾아보기 힘들다. 구글 지도를 찾아본다면 별점 몇 개로 이루어진 말없는 평가를 확인할 수는 있다. 하지만 다른 분과의 용한 의원들이 입소문을 타고 알려지는 것에 비하면 정신과에 대한 평가는 거의 없다시피 하다. 정신적 문제를 수치로 생각하는 사회적 분위기의 반영이다. 환자들은 자신의 정보나 병이 노출되는 것을 극도로 꺼리기 때문에 후기는 존재할 수 없다. 그럼에도 자신에게 맞는 치료자나 잘 맞지 않는 치료자가 있다.

'정신과는...'에서는 우울증에 걸려 처음 병원을 갔던 작가가 자신에게 맞는 의사를 찾기까지의 과정이 진솔하게 그려져 있다. 그가 만난 의사들 중에는 치료자의 자격이 의심되는 특이한 의사도 존재한다. 실제로 나 역시 겪은 일이다. 그러니 당신이 의사나 상담사가 불편해 치료를 중단한다면 그리고 다른 병원을 찾아 나선다면 당신의 잘못이 아니다. 우울해서 유별나게 굴거나 병이 있는 이상한 사람이라서 분노하거나 화가 치미는 것이 아니다. 당신 자신을 치료하기 위해 가장 잘 맞는 치료자를 찾아 나설 권리가 있다.

7 '철학하지 않기'와 '에세이하지 않기'

꼭 한 가지 기억해야 하는 것이 있다. 당신의 질환은 감성과 다르다는 사실이다. 고통스러운 상황과 사고를 절망적 감성과 구분해야 할 필요가 있다. 말하자면 당신의 존재 이유를 찾으려고 과거를 파헤치거나 감정적 혼란에 빠질 필요가 없다는 것이다. 자신이 겪고 있는 고통의 의미를 찾기 시작하면 끝없는 의문에 사로잡힌다. 다른 사람들은 자신과 달리 완벽한 삶의 동기가 있고 고통 없는 세계 속에서 살고 있는 것처럼 보인다. 하지만 완벽한 삶은 누구에게나 거의 불가능한 일이다.

현재의 고통을 알기 위해 과거의 원인을 파헤치면 필연적으로 사고의 질주를 경험할 수밖에 없다. 자신에게 해를 입힌 사람들을 용서하거나 곱씹으면서 윤리와 정의에 대한 강박을 갖게 된다. 그리고 그 과정에서 또다시 미워할 사람을 발견하게 된다. 세상이 돌아가는 방식에 대해 회의를 갖게 되며 나와 다른 사람에 대한 관용도 줄어든다. 계속해서 자신 안으로 파고 들수록 세상을 바라보는 식견을 높이고 다양한 삶을 긍정하는 '철학하기'가 아니라 '부정적 세계관을 고착하려고 노력하기'가 된다. 공고한 자신만의 성을 만들어 다른 삶의 방식이 틈입하지 않도록 온갖 노력을 기울이는 것이다. 하지만 사고의 질주는 사유가 아니고 자신에 대한 과몰입은 철학이 아니다.

자신 문제의 타당함을 탐색하고 뼈를 세우고 살을 붙여 도저히 벗어날 수 없는 거대한 관념체계를 만드는 것은 아무런 도움이 되지 않는다. 아주 독특하고 굉장히 거대한 불행의 세계를 창조하는 것은 어쩌면 일종의 기만일 수 있다. 결과적으로 돌이킬 수 없는 상처를 통해서 끔찍한 존재가 되어 버렸다는 이야기라면 그건 사실이 아니기 때문이다. 생각보다 당신은 그렇게까지 망가지지 않았다. 그리고 생각보다 당신은 그리 특별하지 않다. 당신을 특별하게 하는 것은 고통의 특별함이 아니라 고통에도 불구하고 다시 시작하려는 의지와 노력이다. 자신 역시 평범한 사람일 뿐이라는 사실을 받아들여야 한다.

고통의 이유를 찾는 것은 한 번이면 족하다. 사실상 확고하고 명확한 불행의 원인이 존재하는 것도 아니다. 있다 해도 과거는 현재가 어떻게 과거를 불러오고 해석하느냐에 따라 변화하는 유기체다. 그러니까 반은 종교적이고 반은 선민적인 불행에 대한 창조에서 벗어나자. 대신 자기 자신과 세상을 용서하고 진정으로 다양한 삶을 받아들이는 '철학하기'를 시도하자. 새로워진 시각으로 세상의 다양한 면모들을 발견하고 놀라워하고 기록할 수 있는 '에세이하기'에 도전하자. 그리고 가능하다면 그보다는 오늘 하루를 그럭저럭 잘 살아가는 것에 집중하도록 하자.

8 우울증에서 벗어나려는 노력이 당신을 더 좋은 사람으로 만든다

'건강하게 살아가기'는 보통 사람에게는 옵션이라고 할 수 있다. 하지만 우울증이나 정신의 문제를 갖게 된 사람들에게는 의무가 된다. 되도록 건강하게 살려고 하는 노력이 없이는 삶 자체가 불가능하기 때문이다. 그러니 어쩌면 우리는 보다 유리한 위치에 있는지도 모른다. 어쩔 수 없이 건강하게 살아야만 하니 평소에 우리 자신에게 더 많은 관심을 기울일 수 있기 때문이다.

자신에게 너무 큰 압박을 주는 일은 거부할 필요가 있다. 너무나 바라는 일이라고 해도 건강에 방해가 된다면 포기해야 할 때도 있다. 무엇보다 경제적으로 풍족하지 않은 사람들은 우울증 등을 치료하기 위한 비용을 마련해야만 한다. 이런 상황이 당신을 불행으로 몰고 가는 것은 아니다. 오히려 상황을 더 유리하게 바꿔줄 수 있다. 경제적 필요는 몸을 움직이는 데 가장 강력한 이유가 된다. 어떤 일이라도 경제적 활동은 도움이 된다. 다양한 활동을 통해 경험치를 쌓을 수 있고 사람들을 만날 기회를 얻는다. 당신이 부유했다면 정말로 집 안에서 꼼짝하지 않아도 된다. 어쩌면 그편이 더 지옥 같은 일일 수 있다.

마음을 다독이기 위해 해야만 하는 활동들도 도움이 된다. 어떤 이들은 스스로를 달래기 위해 책을 읽고 어떤 이들은 영화를 본다. 또 어떤 이들은 규칙적인 운동을 한다. 자신을 보살피기 위한 활동은 단순히 몸 상태를 개선하는 것이 아니라 인격적 성장과 사회적 자아를 키우는 데 도움을 줄 수 있다. 그러니 절대로 자신이 남들보다 불리한 상황에 처해 있다고 생각하지 않아야 한다. 우리의 생각보다 다른 사람들도 잘 살고 있지는 않다. 사람들은 각자 다양한 핸디캡을 갖고 살아간다. 모든 우연이 최적의 조합으로 작용해 그야말로 최고의 삶을 살아가는 사람도 있다. 그들이 어떤 고민도 없이 살아간다고 해도 아주 일부일 뿐이다. 우리는 정말 평범한 편이다.

9) 그래도 세상은 아름답다

완전히 희망을 잃어버렸을 수도 있다. 몇 개월 간 도저히 아무것도 할 수 없어서 침대 위에서 시체처럼 누워있을 수도 있다. 하지만 당신이 얼마나 불행하건 또 어떻게 생각하건 여전히 세상은 아름답다. 세상에는 고통만 있는 것이 아니다. 아름답고 좋은 점이 너무나 많이 있다. 부정할 수 없는 사실이다.

우울증에 걸리면 다른 사람들보다 현실을 보다 객관적으로 바라보게 된다는 연구가 있다. 대체로 사람들은 현재 상황에 대해 긍정적으로 바라보는 경향이 있다. 반면 우울증을 겪고 있으면 부정적인 사실 역시 정확하게 바라보게 된다. 더 심화되면 부정적인 상황에만 집중하는 방향으로 발전한다. '터널 시야'라고 하는 현상이다. 현실은 암울하게만 보이고 미래에는 나쁜 일들만 일어날 것 같다. 그렇지만 그렇지 않다. 그건 사실이 아니다. 당신이 세상을 잘못 보고 잘못 계산하고 있다는 사실에는 아무도 관심이 없다. 아무도 말해주지 않는다. 그건 당신의 몫이기 때문이다.

우리는 세상의 인과관계를 좀 더 믿을 필요가 있다. 슬픔에 압도되면 이 세상은 모두 우연이 지배하고 있는 것만 같다. 혹은 우리의 미래는 불행할 것이라는 완벽한 법칙이 지배하고 있는 것 같다. 역시 잘못된 믿음이다. 인생은 우리가 어떤 행동을 하느냐에 따라 변하기 마련이다. 심지어 때때로 기적이 일어나기도 한다. 누구도 부정할 수 없는 사실이다. 우울에 빠져있지 않은 상황이라면 쉽게 수긍할 수 있다. 아무리 우울해서 세상을 암흑으로 보고 있다고 해도 이 사실은 변하지 않는다. 당신이 자신의 몸에 좋은 행동을 하면 당신은 더 좋아질 수밖에 없다.

10 이 세상에서 가장 중요한 사람은 당신이다

무엇보다 중요한 것은 당신이 이 세상에서 가장 중요한 사람이라는 사실이다. 당신이 없으면 죽거나 죽을 만큼 아파할 것만 같은 가족, 연인, 친구들이 있다고 해도 실제로 당신이 없어진다면 어떻게든 살아나갈 것이다. 또한 아무리 노력해도 당신을 사랑해주지 않는 사람이 있다면 그 사람은 당신에게 중요하지 않다. 어차피 당신을 사랑하지 않기 때문이다. 지금 내가 여기 있기 때문에 모든 세상이 구성된다. 당신이 없다면 이 세상은 아무것도 아니다.

그러니까 당신을 위한 일을 시작하도록 하자. 좋아하는 일들을 찾아내자. 그리고 그 일을 매일 스스로에게 선물해줘야 한다. 소비해야 한다면 소비해야 한다. 일탈해야 한다면 일탈해야 한다. 미워하고 싶다면 미워해야 한다. 당신 외에 당신을 윤리적으로 지탄할 사람은 아무도 없다. 자신의 즐거움 그리고 자신의 양심에 따라 살아야 한다. 매일매일을 선물로 만들 사람은 당신뿐이다. 그러니 지금 당장 즐거운 일을 찾아나서자. Ⓜ

서울시 마음건강검진 및 상담지원 안내

서울시 '마음건강검진 및 상담지원사업'은 서울시민을 대상으로 정신건강위험요인을 조기 발견하고 치료를 유도하고자 2016년부터 추진하고 있는 사업이다. 기존 50세 이상만 가능하던 혜택이 2018년부터 전 연령으로 확대됐다. 각 구청 담당기관으로 신청 하면 1차 기본검사와 최소 1회부터 최대 3회까지의 상담 비용을 지원한다. 단 최근 1년 이내 정신과 치료력이 있는 대상자는 제외된다. 정신과 기록은 담당 의사에게만 공유되며 환자 본인의 동의 없이는 어떤 기관이나 타인에게도 공개되지 않는다.

자치구	의료기관명	전화번호	주소
종로구 보건소 건강증진과 2148-3604~5	이상연신경정신과의원	737-5511	통일로 162, 3층(교남동)
	마인드힐의원	720-1566	새문안로 69 구세군회관 7층(신문로 1가)
	박종철신경정신과의원	735-0987	새문안로5가길 3-1 영진빌딩 505(당주동)
	연세필정신건강의학과의원	723-9114	종로 19 르메이에르종로타운 4층(종로1가)
	명륜신경정신과의원	762-5815	대학로 144중원빌딩 501호(혜화동)
	임계원정신건강의학과	742-4999	혜화로 8, 2층(혜화동)
	성원신경정신과의원	743-0118	종로 256 종로센터빌딩 2층 202호(종로5가)
	우행원신경정신과의원	742-0002	종로 329-1(창신동)
	연세정신건강의학과의원	765-9441	종로 335 원풍빌딩 5층(창신동)
	동남정신과의원	363-0412	북촌로5길 64, 3층(소격동)
	마음공간정신건강의학과의원	723-6463	세종대로 159 세광빌딩 9층(세종로)
	경희궁삼성정신건강의학과	737-5577	송월길99 경희궁자이상가 팰리스에비뉴 2207호(홍파동)
중구보건소의약과 3396-6383	상록수정신과의원	2252-4657	퇴계로 436-1, 2층(신당동)
	맑은마음의원	2238-3680	다산로 138 지우빌딩 5층(신당동)
	수정신건강의학과의원	2039-7575	동호로 180 동양빌딩 203호(신당동)
	윤정신과의원	2234-2274	다산로 133 샘클리닉빌딩 3층(신당동)
	박주형신경정신과의원	2275-5722	을지로 196 경명빌딩 202호(을지로4가)

용산구보건소의약과 2199-8140	노만희정신건강의학과의원	739-0945	한남대로21길 17 신화빌딩 7층(한남동)
성동구 보건소 질병예방과 2286-7084	프렌드정신건강의학과의원	2281-8593	성동구 왕십리로 315 한동타워 4층(행당동)
	엘림신경정신과의원	2299-1942	성동구 왕십리로 294-2 대도빌딩 2층(행당동)
	김용호정신건강의학과의원	2291-4002	성동구 왕십리로 340, 2층(도선동)
	이재진정신건강의학과의원	2295-2544	성동구 행당로 87 대림리빙프라자 402호(행당동)
	해민정신건강의학과의원	2292-1535	성동구 왕십리로 309 왕십리역이스타빌 303호(행당동)
	나눔정신건강의학과의원	2292-2555	성동구 왕십리로 339, 2층(하왕십리동)
	한양대학교병원	2290-8114	성동구 왕십리로 222-1(사근동)
강북구 보건소 지역보건과 901-7772	박희관정신건강의학과의원	990-1116	도봉로 328 가든타워 306호(번동)
	마음벗 김종범정신과의원	905-3271	도봉로 329, 5층(수유동)
	행복찾기정신과의원	981-7772	도봉로 45(미아동, 숭인시장)
	이상환신경정신과의원	985-3364	도봉로 40 대경빌딩 3층(미아동)
	전종호정신건강의학과의원	907-2266	도봉로 405 인화의원(수유동)
	황규혁정신건강의학과의원	945-7751	도봉로 34 트레지오빌딩 5층(미아동)
	김영우정신건강의학과의원	903-7201	도봉로 321 학성빌딩(수유동)
도봉구 보건소 지역보건과 2091-5232	마음편한정신건강의학과의원	991-9596	노해로63길 78 신원빌딩 502호(창동)
	성모휴정신과의원	949-1966	도봉로 551(쌍문동)
	전지홍정신과의원	999-6644	도봉로 476 삼성쉐르빌퍼스티 204호(창동)
노원구 보건소 생활보건과 2116-4328	김영헌정신과의원	952-3735	동일로 1550 고려프라자빌딩 208호(상계동)
	노원신경정신과의원	933-5151	동일로 1393 일신프라자 305호(상계동)
	디딤신경정신과의원	909-8782	노해로 488 근호빌딩 5층(상계동)
	박재순신경정신과의원	952-5200	노해로 501 노원빌딩 304호(상계동)
	신정신과의원	948-4482	동일로 204가길 34 씨앤미 307호(중계동)
	연세소울정신건강의학과의원	933-7501	동일로 1392 한일빌딩 5층(상계동)
	전성일정신과의원	938-7997	노해로 457 은성빌딩 5층(상계동)
	대능성심정신건강의학과의원	979-5757	동일로 987, 2층(공릉동)

은평구 보건소 불광 보건지소 351-8680	동민정신건강의학과의원	353-7575	은평로 227(녹번동)
	문화신경정신과의원	382-0885	은평로 178(응암동)
	박 정신건강의학과의원	385-2319	통일로 741 신흥빌딩 5층(대조동)
	솔빛정신건강의학과의원	386-0342	통일로 828, 3층(불광동)
	연세봄정신건강의학과의원	354-5511	통일로 857 동우빌딩 7층(갈현동)
	연세숲정신건강의학과의원	352-1872	진관2호 15-46 메트로프라자 601호(진관동)
	이범정정신건강의학과의원	383-3155	통일로 863 유화프라자 3층(갈현동)
	편한마음정신건강의학과의원	359-0770	서오릉로 140, 3층(대조동)
	치유정신건강의학과의원	354-7611	은평로 121 ○○메디컬빌딩 13층(응암동)
서대문구 보건소 의 약과 330-8952	권기철정신건강의학과의원	394-6621	서대문구 통일로 476 원일상가(홍제동)
	안세정신과의원	336-0734	서대문구 신촌로 93(창천동)
마포구 보건소 의약 과 3153-9042	김유광정신건강의학과의원	322-0082	양화로 50, 302호(합정동)
	미소정신건강의학과의원	3237-9591	마포대로 52 고려아카데미텔II 207호(도화동)
	노정신건강의학과의원	365-8558	신촌로 266-1, 2층(아현동)
양천구 보건소 의약 과 2620-3907	연세누리정신건강의학과	2647-7579	오목로 322 보성빌딩 3층(목동)
	김신경 정신과	2608-1070	목동로 211(신정동)
	서울 연 정신건강의학과	2643-0006	오목로 300 현대하이페리온2 206동 310호(목동)
	한별 정신건강의학과	2062-1119	목동서로 256 동문빌딩(목동)
	한마음 정신건강의학과	2696-0074	중앙로 282(신정동)
	남신경 정신과	2648-3548	중앙로 276(신정동)
강서구 보건소 건강 관리과 2600-5271	봄정신건강의학과의원	909-8782	노해로 488 근호빌딩 5층(상계동)
	심(心)정신건강의학과의원	952-5200	노해로 501 노원빌딩 304호(상계동)
	서울송정신건강의학과의원	948-4482	동일로 204가길 34 씨앤미 307호(중계동)
	연세소울정신건강의학과의원	933-7501	동일로 1392 한일빌딩 5층(상계동)
	마음과정신건강의학과의원	938-7997	노해로 457 은성빌딩 5층(상계동)
	은초록샘정신건강의학과의원	979-5757	동일로 987, 2층(공릉동)
	맑은샘정신건강의학과의원	6403-9139	강서로 43-17 오거닉스타원 601호
구로구 보건소 지역 보건과 860-2616	정인과정신건강의학과	830-8080	가마산로 205(구로동)
	연세정신건강의학과	855-9996	디지털로32길 79 조영빌딩(구로동)
	백상정신과의원	2686-6449	경서로 6(고척동)
	아름다운미래의원	864-7341	구로중앙로 134 신구로자이나인스에비뉴 1층(구로동)
	고려제일정신과의원	859-4469	구로동로 240 세일빌딩(구로동)
	마음과마음정신과의원	856-4975	도림로 65 한정빌딩(구로동)

금천구 보건소 건강증진과 2627-2663~4	나래정신건강의학과의원	802-3180	금천구 시흥대로 214 비즈메드빌딩 602호(시흥동)
	정경화정신건강의학과의원	894-7875	금천구 독산로 134 삼보빌딩(시흥동)
영등포구 보건소 건강증진과 2670-1682	가족사랑서울정신건강의학과의원	2068-7486	당산로 222 당산디오빌 2층(당산동5가)
	라엘정신건강의학과	6909-9870	양평로 99 대명빌딩 10층(양평동4가)
	오정신건강의학과	2634-5691	영신로 40길 3-1(영등포동6가)
	이상구 신경정신과의원	2678-6355	영등포로 216(영등포동3가)
	정명숙 신경정신과의원	2636-1044	영중로 46(영등포동5가)
	조맹제 정신건강의학과의원	2678-0088	당산로 133 서림빌딩 302호(당산동 3가)
	여의도삼성전신건강의학과의원	780-1593	여의대방로 383 경도빌딩 2층(여의도동)
	여의도힐정신건강의학과의원	785-7008	여의나루로 42 여의도종합상가 510호(여의도동)
	여의도쉼정신건강의학과의원	6954-6997	의사당대로 127 롯데캐슬엠파이어 2층 203호(여의도동)
동작구 보건소 건강관리과 820-9446	가족사랑서울정신건강의학과의원	812-9494	보라매로 113 코스모빌딩(대방동)
	마음누리정신건강의학과의원	525-3337	동작대로 7 산광빌딩(사당동)
	변재영정신건강의학과의원	814-0353	장승배기로 103(노량진동)
	세종신경정신건강의학과의원	596-0596	사당로 220(사당동)
	봄 정신건강의학과의원	812-2226	상도로 69 상원빌딩(대방동)
	이수 정신건강의학과의원	532-0135	동작대로 121(사당동)
관악구 보건소 지역보건과 879-4911	가람신경정신과의원	859-8500	시흥대로 554 한미빌등 2, 3층(신림동, 방문접수 진료)
	강신경정신과의원	871-7121	신림로 344 sk허브그린 301호(신림동)
	박진억신경정신과의원	582-3344	남현길 7 한얼메디프라자 303호(남현동, 전화예약 필수)
	서울디딤정신건강의학과의원	872-0675	남부순환로 1905 태신빌딩 2층(봉천동)
	서울탑정신건강의학과의원	883-2082	관악로 168 디오슈페리움 2단지 304호(봉천동, 전화예약 필수)
	신림정신건강의학과의원	889-7582	신림로 366 정림빌딩 7층(신림동, 전화예약 필수)
	연세라온정신과의원	885-1857	호암로 602 도원빌딩 4층(신림동, 전화예약 필수)
	유정신경정신과의원	872-9278	남부순환로 1808 관악센츄리타워(봉천동, 전화예약 필수)
	한빛정신건강의학과의원	887-2158	남부순환로 1838 CS타워 13층(봉천동)
	한솔신경정신과의원	830-7588	난곡로 268 한솔의원 3층 (신림동, 전화예약 필수)
	마나스정신건강의학과의원	6267-7788	장군봉1길 56 우형빌딩 3층(봉천동, 전화예약 필수)
	연세훈정신건강의학과의원	888-9860	관악로 195 관악위버폴리스 301호(봉전동, 전화예약 필수)

	행복정신건강의학과의원	577-7810	강남대로 240 양재SK허브프리모 2층 202호(도곡동)
서초구 보건소 건강 관리과 2155-8069	영동신경정신과의원	592-3742	서초중앙로 146 경원빌딩 302호(서초동)
	이선이정신건강의학과의원	537-9860	서초중앙로 164 신한국빌딩 702호(서초동)
	밝은정신건강의학과의원	597-8399	동작대로 70 하나빌딩 4층(방배동)
	개운정신건깅의학과의원	534-5568	동작대로 114 유문빌딩 5층(방배동)
	연세정신건강의학과의원	523-2211	서초대로 24 새한빌딩 2층(방배동)
	샘신경정신과의원	3443-0075	사평대로 55길 8 신영빌딩 3층(반포동)
	최명기정신건강의학과의원	6207-3377	잠원로 24 반포자이플라자 4층(반포동)
	김병후정신건강의학과의원	323-9197	반포대로 287 래미안퍼스티지 중심상가 407호(반포동)
	소망정신건강의학과의원	3463-7793	효령로 260 정풍빌딩 4층(서초동)
	연세손정신건강의학과의원	529-7599	남부순환로 2614 302호(양재동)
	서울청정신건강의학과의원	534-2119	강남대로 403 대준빌딩 5층 2호(서초동)
송파구 보건소 의약과 2147-3520	다미신경정신과의원	439-0153	올림픽로 116 메디시티 빌딩 4층(잠실동)
	닥터진힐링정신건강의학과의원	402-0667	송이로 200 대진빌딩 2층(문정동)
	인성정신건강의학과의원	430-6251	마천로 264 흥일빌딩 4층(거여동)
	잠실아이정신건강의학과의원	2202-7512	올림픽로 293-19 현대타워 104호(신천동)
	송파성모정신건강의학과의원	2054-8977	송파대로 167 문정역테라타워1B동 212호(문정동)
	해솔정신건강의학과의원	414-7755	올림픽로 336 대우유토피아오피스텔 204호(방이동)
강동구 보건소 건강 증진과 3425-6763	온맘정신과의원	427-5342	양재대로 1607 약봉빌딩 2층(명일동)
	늘푸른정신과의원	474-6007	천호대로 1092, 213호(성내동)
	현정신과의원	484-0678	천호대로 1006 브라운스톤 401호(성내동)
	강동신경정신과의원	487-6220	양재대로 1459 다성빌딩 4층(길동)
	김종하정신과의원	488-8855	천호대로 1123 건영빌딩 3층(길동)
	평온정신건강의학과의원	488-8555	양재대로 1477 우리은행 6층(길동)
	사과나무정신건강의학과의원	482-5275	올림픽로 654 삼영빌딩 2층(천호동)
	연세필정신건강의학과의원	6383-7700	천호대로 1015 성보빌딩 8층 2호(천호동)
	나우정신과의원	476-7533	천호대로 1033 강동빌딩 5층(천호동)

광진구 보건소 건강 관리과 450-1962	Dr.고신경정신과의원	467-6247	능동로 324, 3층(중곡동)
	동서울정신건강의학과의원	446-1172	자양로 186-1, 1층(구의동)
	동화정신건강의학과의원	466-5238	능동로 385-1(중곡동)
	열린마음정신건강의학과의원	3437-3441	능동로 259 성운빌딩 4층(군자동)
	전재진정신과의원	456-7482	긴고랑로 64(중곡동)
	푸른마음정신과의원	3436-1675	능동로 50길 8 케이지티시빌딩 3, 4, 5층(중곡동)
	화인정신과의원	452-7205	광나루로 56길 29 현대프라임아파트 503호(구의동)
동대문구 보건소 지역보건과 2127-2384	강신삼신경정신과의원	969-9491	홍릉로 5, 3층(청량리동)
	김영화정신건강의학과의원	2243-8636	전농로 22(답십리동)
	김표한신경정신과의원	2212-2040	망우로21길 4, 2층 202호(휘경동)
	남송엠정신과의원	2212-1774	천호대로 307 클래식타워 3층(답십리동)
	도연정신건강의학과의원	2242-8992	망우로74(휘경동)
	마음과마음정신건강의학과의원	6959-0456	고산자로399 동양프라자 3층(용두동)
	박신경정신과의원	923-7610	왕산로 45KY타워 3층 301호(용두동)
	서울그린정신건강의학과의원	2248-4860	망우로 123, 5층(휘경동)
	서울현정신건강의학과의원	6949-5663	이문로 98, 3층(이문동)
	송지영정신건강의학과의원	962-6300	회기로 154 준성빌딩 2층(회기동)
	이성주정신건강의학과의원	959-6212	왕산로 176(전농동)
	오정신건강의학과의원	969-7341	왕산로 32길 7 B YC청량리오피스텔 502호(용두동)
	최태영정신건강의학과의원	2245-9940	천호대로 295 우창프라자아파트(답십리동)
중랑구 보건소 건강 증진과 2094-0856	김상준정신건강의학과의원	434-9036	동일로 802 대신빌딩(중화동)
	성모마음정신과의원	972-4300	동일로 903(묵동)
성북구 보건소 의약과 2241-6143	동호의원	763-2772	동소문로 3, 3층(동소문동1가)
	베드로신경정신과의원	921-8846	동소문로92강윤빌딩8층(동소문동5가)
	서광윤신경정신과의원	922-1183	인촌로 24길 11(안암동5가)
	서울탑정신건강의학과의원	911-9700	월계로 4 세영빌딩 5층(하월곡동)
	성북아이정신건강의학과의원	922-7582	동소문로 20가길 12 상용빌딩 6층(동선동1가)
	정성철정신건강의학과의원	3675-7790	동소문로 20-1, 3층(동소문동2가)
	하나정신건강의학과의원	922-3075	동소문로 98, 5층(동소문동5가)

자살예방 핫라인

24시간전화상담

자살예방상담전화 1393

청소년전화 1388

정신건강상담전화 1577-0199

한국생명의전화 1588-9191

라인상담 및 직접상담

한국생명의전화

https://www.lifeline.or.kr/

청소년사이버상담센터

https://www.cyber1388.kr:447/

후원자 명단

고유, 권경희, 김경민, 김경이, 김근영, 김남영, 김민수, 김서하, 김서현, 김시연, 김정란, 김주리, 김주옥, 김진아, 김혜인, 류소영, 문지혜, 박수정, 백두리, 백보람, 손호영, 송유중, 송지민, 신새롬, 신수아, 신은수, 신희진, 안현은, 양근주, 양노석, 오장백, 유일한, 윤혜원, 이순열, 이미희, 이솔, 이수민, 이은, 이은형, 이재원, 이한들, 이효주, 임지연, 장재민, 전다혜, 정성미, 정혜숙, 조남제, 조하연, 지수진, 최다경, 최민정, 최수연, 최자윤, 최호만, 최호정, 하지원, 한소라, 황유진, 황지현, 남수민, 구하연, 최동이, 민, 옹이, 이수진, jasmine, blue, nam boryung, yej****

*실명이 공개되지 않은 후원자분은 닉네임으로 대체합니다.

*매거진의 내용은 전문적 의견이 아닙니다. 증상에 대한 정확한 정보가 필요하신 분들은 정신과 전문의와의 상담을 권합니다.

MELANCHOLIA

멜랑콜리아는 마음이 건강한 삶을 추구하는 심리테라피 매거진입니다. 아파보지 않은 마음은 세상에 없습니다. 우리 주변에 있는 마음에 대한 이야기들을 소개하고 혼자가 아니라는 위로를 전하고자 합니다. 인터뷰 및 기고의 형태로 언제든지 직접적인 참여가 가능하며 이를 통한 소통으로 아픔을 나눌 수 있는 세상이 되기를 희망합니다.

만든 사람들
Publisher, Editor, Photographer 전인수
Designer 최보람
Guest Editor 한국화
Adviser 정창근

Printing
쌩큐컴퍼니

인터뷰, 기고 및 광고 문의
melancholia_zine@naver.com
010-3123-4087

등록번호
762-24-00730

등록일자
2018.10.30

ISSN
2671-9053

ISBN
979-11-969659-0-7

발행일
2020.03.10.

후원계좌
1005-503-777715, 우리은행, 멜랑콜리아